厦门快速公交系统（BRT）维护、安全与运营管理系列丛书

BRT 病害诊断、安全评定与维护技术

贾 丁　刘 鹏　康明旭　吴毅彬　李雪健　著

东南大学出版社
·南京·

编写委员会

主 任 委 员：贾　丁

副 主 任 委 员：刘　鹏　康明旭　吴毅彬　李雪健

编写委员会委员：陈建波　王水兴　倪伟龙　卢新宇　欧阳志贤
　　　　　　　　　罗章华　朱剑锋　张泽文　段润锋　林　爱
　　　　　　　　　黄叹生　黄俊荣　蓝晨亮　汪　甲　贺　烨
　　　　　　　　　杨志勇　李情建　林陈超　欧永辉　黄晓东
　　　　　　　　　杨　浩　郑　伟

顾问委员会委员：欧阳永金　王昆明　鲁耀刚　黄和宾

前言

厦门地处东南沿海经济带，依托闽南三角区，背靠八闽大地，辐射浙赣粤部分区域，面向中国台湾，遥望东南亚，一直以来都是东南沿海的重要经济中心。随着社会和经济的迅速发展，城市化进程加速，交通拥堵问题已经成为厦门市面临的一项顽疾。为破解交通难题，厦门市政府积极发展快速公交系统（BRT，Bus Rapid Transit）。BRT 全线运行的快速、安全、舒适、畅通一直是市政府及运营单位关注的重点，BRT 开通运营至今已有近 13 年，总客流量突破 10 亿人次。据统计，2019 年厦门全年 BRT 客运量已达到 9 358.98 万人次，单日高峰运量一度接近 40 万人次，以 7% 的公交车承担全市 13.5% 的公交客流，人流与车辆载荷的不断增加将对 BRT 运营维保形成巨大压力。

为确保 BRT 全线运行的快速、安全、舒适、畅通，厦门地铁恒顺物泰有限公司、厦门地铁快速场站有限公司及相关维养单位常年对 BRT 结构及其附属设施进行经常性、及时性及专业性的养护、维修与管理。在多年的实践过程中，有关各方积累了丰富的实践经验，从而为开展厦门快速公交系统（BRT）维护、安全与运营管理系列丛书的编撰奠定了良好的基础，该工作不仅可作为厦门 BRT 运营多年所形成的技术成果，也可为厦门轨道集团在后续厦门地铁与城际轨道的运营、维护上提供技术支撑。

本书是在《厦门快速公交BRT建设实践》的基础上，针对厦门快速公交系统（BRT）维护、安全与运营管理开展的技术成果归集、提炼与升华。希望借助本书对厦门BRT在运营阶段的检测、性能评定、监测、维修、养护管理与决策及资产管理方面所取得的成果做全面、深入的介绍，为国内其他城市BRT运营管理及相关基础设施的养护提供丰富、可靠的参考依据。

本书由厦门地铁恒顺物泰有限公司贾丁，厦门地铁快速场站有限公司刘鹏，厦门合诚工程技术有限公司康明旭、李雪健，厦门理工学院吴毅彬为主要撰写人员。陈建波、王水兴、倪伟龙、卢新宇、欧阳志贤、罗章华、朱剑锋、张泽文、段润锋、林爱、黄叹生、黄俊荣、蓝晨亮、汪甲、贺烨、杨志勇、李情建、林陈超、欧永辉、黄晓东、杨浩、郑伟等也参与了本书的编写工作。特别感谢欧阳永金、王昆明、鲁耀刚、黄和宾同志在本书的编写过程中提供的技术指导。

由于著者的时间和水平有限，书中难免有不妥和疏漏之处，敬请读者批评指正！

著者
2021年5月

目录

1 快速公交系统的基本概念及运营特点 ······ 001
    1.1 BRT 的概念 ······ 001
    1.2 厦门 BRT 现状与组成 ······ 003
    1.3 BRT 路面结构特点 ······ 006
    1.4 BRT 区间桥梁结构特点 ······ 007
    1.5 BRT 车站结构特点 ······ 011
    1.6 附属设施结构特点 ······ 016
    1.7 厦门 BRT 的运营特点与管养现状 ······ 018

2 BRT 桥梁检评技术体系建立 ······ 020
    2.1 关于区段桥梁构件的编号 ······ 020
    2.2 构件编号规则 ······ 021
    2.3 BRT 桥梁技术状况评定 ······ 023
    2.4 桥梁构件病害及扣分值制定 ······ 027

3 BRT 站台结构物检评技术体系建立 ······ 028
    3.1 车站站台分类及各组成部分定义 ······ 028
    3.2 车站编号规则 ······ 030
    3.3 车站站台各部分组成权重 ······ 033
    3.4 BRT 车站各组成部分技术状况评定 ······ 037
    3.5 BRT 车站检测标准 ······ 046

4 BRT 结构物常见病害 ······ 051
    4.1 陆上桥梁结构常见病害 ······ 051

4.2 站台结构常见病害 ·· 066
4.3 机场隧道常见病害 ·· 078
4.4 海上桥梁常见病害 ·· 084

5 BRT 结构物病害处置措施 ·· 091
5.1 构件钢筋、钢板防锈处理工艺 ···························· 091
5.2 裂缝处理工艺 ·· 092
5.3 混凝土掉块、露筋等缺陷修复工艺 ························ 095
5.4 伸缩缝缺陷修复工艺 ······································ 097
5.5 无缝化伸缩缝施工工艺 ···································· 099
5.6 常温沥青间断级配混凝土面层施工工艺 ··················· 100
5.7 支座缺陷修复施工工艺 ···································· 101
5.8 混凝土表面涂装恢复工艺 ································· 105
5.9 钢管混凝土内部脱空二次灌浆工艺 ························ 107
5.10 隧道防火涂层维修施工工艺 ······························ 108
5.11 隧道截水沟维修实施工艺 ································ 111
5.12 防火板维修实施工艺 ···································· 112
5.13 声屏障维修实施工艺 ···································· 113
5.14 排水系统维修实施工艺 ·································· 115

6 结语与后续工作 ·· 117
6.1 结语 ··· 117
6.2 后续工作 ·· 117

附表 ·· 119
附表 1 桥梁构件病害及扣分值表 ···························· 119
附表 2 候车站台病害扣分值表 ······························ 136
附表 3 售票站厅病害扣分值表 ······························ 139
附表 4 天桥病害扣分值表 ··································· 142
附表 5 自动扶梯病害扣分值表 ······························ 148
附表 6 步梯病害扣分值表 ··································· 150

参考文献 ·· 155

1 快速公交系统的基本概念及运营特点

1.1 BRT 的概念

快速公交系统（Bus Rapid Transit）简称为 BRT，是一种介于快速轨道交通（Rapid Rail Transit）和常规公交（Normal Bus Transit）之间的新型公共客运系统，是一种大中运量交通方式，由于其大运量和专有路权的特性也被人称为"地面上的地铁"。快速公交（BRT）与其他公共交通模式的比较如表 1.1 所示。其系统主要由专用路权、技术先进的车辆、设施齐备的场站与枢纽、智能化运营管理系统和高效收费系统组成，利用现代化公交技术配合智能交通和运营管理，通过使用公交专用道路和新式公交车站，从而实现类似轨道交通模式的运营服务，BRT 系统能够达到轻轨服务水准，是目前"公共交通引导发展模式"（TOD）的组成之一。按照道路运行模式可以分为高架桥专用道形式、地下专用道形式、地面专用道形式以及公交专用道形式，同一条线路的不同路段可能采用不同的道路形式。

BRT 系统最先在 20 世纪 70 年代由巴西南部城市库里蒂巴建设，而后在南美洲城市中迅速扩展，并在加拿大和美国多个城市采用，现在国外有十余个国家近五十座城市拥有 BRT 系统，主要集中在欧洲、北美洲以及大洋洲。在国内，由于城市交通问题的凸显和公共交通服务下降的困境，2005 年 9 月，国务院办公厅转发了建设部等六部委《关于优先发展城市公交意见的通知》，提出"适度发展大运量快速公共汽车系统"的意见，2007 年 6 月在《国务院关于印发节能减排综合性工作方案的通知》中也提出要"强化交通运输节能减排管理，优先发展城市公共交通，加快城市快速公交和轨道交通建设"。2008 年至 2010 年期间，我国关于 BRT 系统的研究进入一个加速阶段，关于 BRT 系统的工程研究与适应性研究大量出现，涉及的内容也从交通与技术层面开始向更为广泛的城市管理和土地利用方向发展。2004 年 12 月北京开通了第一条 BRT 公交线路，标志着这种新型的城市大运量交通方式开始运用在国内，之后常州、杭州、济南、广州、深圳、郑州、厦门等城市也相继开通建设 BRT 线路或实验路段。目前,国内共有 33 个城市拥有或者正在建设 BRT 系统,其中大部分都是在近 10 年开通的(图 1.1—图 1.3)。

表 1.1　快速公交(BRT)系统与其他公共交通模式的比较

交通方式	地铁	轻轨	BRT	常规公交
主要铺设方式	地下线	高架线	地面线	—
投资额/(亿元·km^{-1})	4～8	2～2.5	0.2～0.5	—
单向客运量/(万人·h^{-1})	3～8	1～4	1～2	0.3～0.5
平均速度/(km·h^{-1})	35～40	30～35	20～30	10～20
建设时间/年	4～6	2～3	1～2	—
运营成本	高	较高	低	低
管理技术	难	难	易	易
系统灵活性	低	低	高	高

图 1.1

图 1.2

图 1.3

图 1.1　国内快速公交 BRT(长沙)
图 1.2　国内快速公交 BRT(呼和浩特)
图 1.3　国内快速公交 BRT(广州)

1.2 厦门 BRT 现状与组成

1.2.1 厦门 BRT 概况

厦门 BRT 项目是依据厦门市总体规划和交通发展目标，为加快建立与城市发展相适应的现代化城市综合交通系统而设计的快速公交线路。BRT 规划线网采用"放射线＋区间线＋联络线"的模式和"四射＋八联"为主的架构。厦门 BRT 系统目前开通了 9 条线路，即快 1 线（第一码头枢纽站—厦门北站）、快 2 线（第一码头枢纽站—同安枢纽站）、快 3 线（第一码头枢纽站—前埔枢纽站）、快 5 线（前埔枢纽站—同安枢纽站）、快 6 线（前埔枢纽站—厦门北站）、快 7 线（洪文站—开禾路口站）、快 8 线（第一码头枢纽站—高崎机场枢纽站）、快 9 线（前埔枢纽站——高崎机场枢纽站）和机场专线（成功大道线路），总长 164.9 km。工程建设里程：60.1 km，其中高架桥梁 38.98 km，地面 21.12 km。运营里程：164.9 km，全线站点共计 45 个，包括高架站 28 座（其中枢纽站 4 座），地面站 17 座（不含共线部分）。厦门 BRT 公交路线如图 1.4 所示。

厦门作为现代化国际性港口风景旅游城市，人流量大，城市交通特别是 BRT 全线运行的快速、安全、舒适、畅通是市政府及运营单位关注的重点。BRT 开通运营至今已有近 13 年，总客流量突破 10 亿人次，据统计，2019 年全年 BRT 客运量已达到 9 358.98 万人次，单日高峰运量一度接近 40 万人次，以 7% 的公交车承担全市 13.5% 的公交客流，人流与车辆载荷的不断增加对运营维保形成巨大压力。同时，随着桥梁等结构物使用年限的增长，受到环境及人为因素的影响，结构物、机电及相关系统已经发生不同程度的累积损伤或突然损伤、缺陷病害及故障，有些病害缺陷已对 BRT 运营造成一定的影响。因此对 BRT 及其附属设施进行经常性、及时性和预防性养护和维修等的综合维保是必然选择。厦门 BRT 公交高架实景如图 1.5 所示。

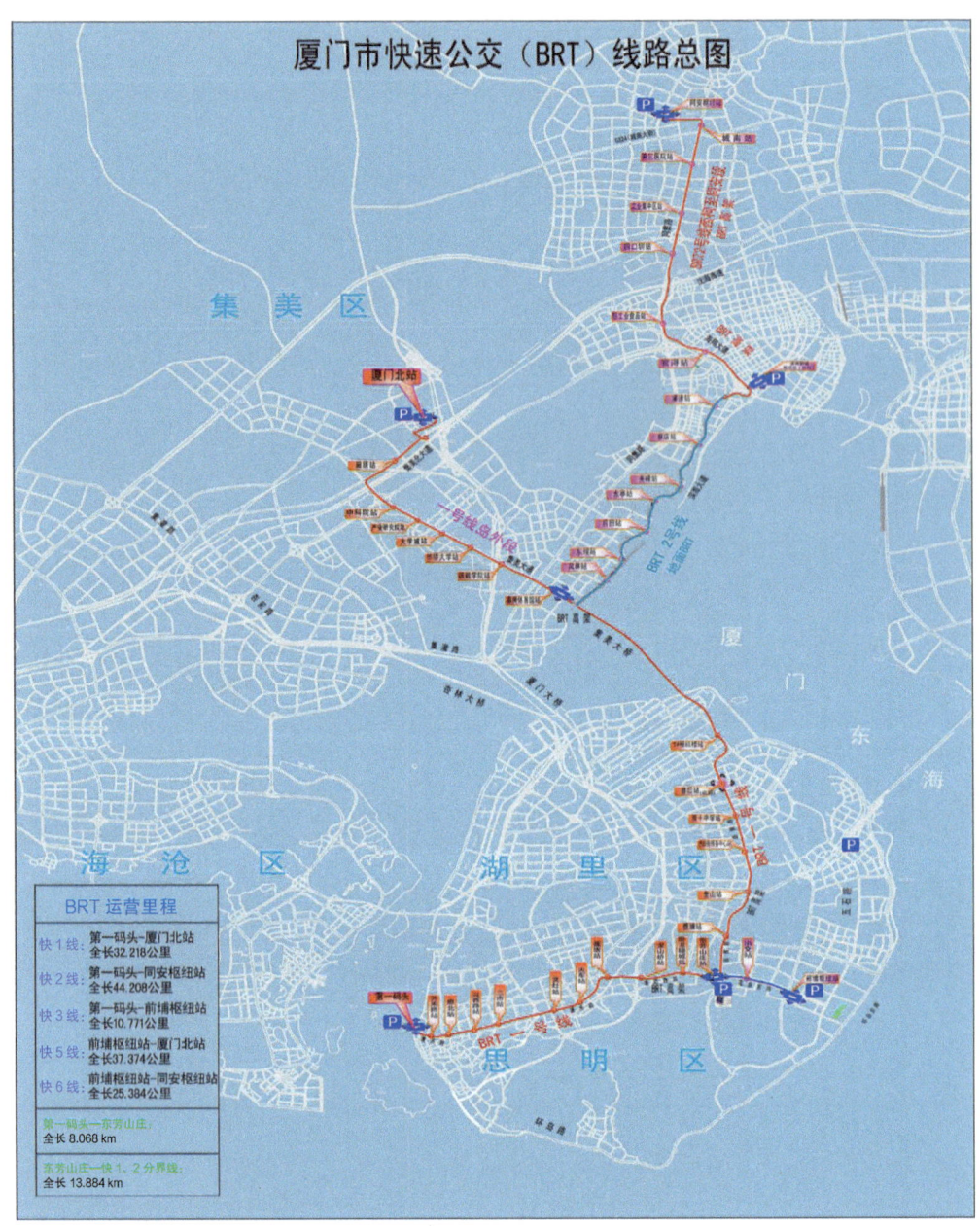

图 1.4 厦门 BRT 公交路线图

图 1.5　厦门 BRT 公交高架实景

1.2.2　厦门 BRT 组成

厦门 BRT 系统具备 7 个基本特征：专有路权、现代化公交车辆、水平登车、车外售票、交叉路口优先、乘客信息服务系统和车队管理系统。BRT 系统的基本特征主要通过以下 5 个构成要素来体现。

（1）专有车道

所谓专有车道是指通过设置全时段、全封闭、形式多样的公交专用道，提高快速公交的运营速度、准点率和安全性。目前，专有车道主要是通过 BRT 专用桥梁来提供。

（2）车站

车站是连接 BRT 系统、乘客及其他交通工具的重要一环。BRT 系统车站设计主要考虑的内容有车站类型的选择、站台高度的选择、站台平面布置、是否具有超车功能以及车站可达性等几个方面。

（3）专用车辆

专用车辆是 BRT 系统规划设计中的一个重要因素，直接决定 BRT 系统的运行速度、运能、气体排放等指标。BRT 车辆设计主要考虑的内容有车辆尺寸、车辆美学特征、车辆循环系统的改进及动力系统的改进等问题。

（4）收费系统

收费系统可以采用电子、机械或人工方式。影响收费系统的主要因素有收费方式、票据形式以及计价结构等。

（5）ITS 智能系统

ITS 智能系统主要考虑优先系统的配置、助驾技术的选择、运营管理技术的改进、乘客信息服务系统的配置、安全监控系统以及辅助系统等几方面问题。通常由通信系统、售检票务系统、运营管理系统、安全防范系统、GPS 车载定位系统及乘客服务系统等多个相互关联的子系统构成。BRT 系统应提供频繁、直接、易懂、舒适、可靠、高效管理及快速运行的服务水平。服务及运营计划需考虑服务时段、服务频率、车站站距及运营调度方式等几方面内容。

1.3 BRT 路面结构特点

BRT 车道布设宜采用全高架、全封闭公交专用车道形式。

车道主要设计原则和标准如下：

- 路面结构设计年限：15 年；
- BRT 专用车道宽度：3.5 m 或 3.75 m；
- 隔离设施：活动钢护栏、振荡型路用涂料标线等；
- 路缘带宽度：0.5 m；
- 隔离设施宽度：0.5 m；
- 道路净空要求：5.0 m。

BRT 车道路面按其在快速公交系统中铺设的位置可分为区间路面、交叉口路面、站区路面和停车场路面；按其所采用的材质可分为沥青混凝土路面、水泥混凝土路面和简易路面。为了强调 BRT 车道的专用特性，经常对路段和站区路面进行彩色化处理从而形成彩色路面。

BRT 区间路面结构在各个城市各不相同，但国内大部分城市采用了沥青混凝土路面，只有少部分城市采用水泥混凝土路面。沥青混凝土路面行车平稳、噪声小，对于主要用于公用载客的 BRT 来说，乘客的舒适性更高。因此，厦门 BRT 区间路面结构也采用沥青混凝土路面，其中快 1 线岛内段高架桥上还采用了开级配沥青磨耗层（Open Graded Friction Course，简称 OGFC）的降噪沥青，以减少噪声对两侧居民的干扰。实践证明，OGFC 具有以下优点：

（1）减少水雾和眩光

在 OGFC 路面上没有残留水，几乎可以消除水雾。因此，雨天在 OGFC 路面开车，视线较好，司机感到安全。OGFC 的另一个优点是能减少在潮湿状态下前灯的眩光，很显然，这有利于改善能见度，减少驾驶疲劳。

（2）降低噪声

为评价 OGFC 降低噪声的能力，美国和欧洲进行了许多研究。研究结果显示，与密级配热拌沥青混合料（HMA）路面相比，OGFC 噪声降低 3dB（A）；与水泥混凝土（PCC）路面相比，OGFC 噪声降低 7dB（A）。

（3）防水漂

雨水透过 OGFC 层，在路表无连续的水膜。因此，OGFC 可防水漂，即使长时间下雨，OGFC 可能饱和，但由于路面与轮胎间形成的水压通过 OGFC 的多孔结构消失了，车辆仍然不会发生水漂。

（4）改善路面标志的可见度

OGFC 表面层的标志线可见度高，尤其在潮湿天气条件下，有利于保障行车安全。

（5）提高潮湿路面的抗滑性

OGFC 可提高潮湿路面车辆的抗滑性。

1.4　BRT 区间桥梁结构特点

厦门 BRT 所属桥梁共约 38.98 km，304 联、1 001 个墩台。其中 1 号线岛内段现浇箱梁 109 联总计 8 740.58 m；钢箱梁 11 联总计 1 247.5 m；预制拼装 67 联总计 5 362 m。岛外快 2 线高架桥梁共约 11.98 km，117 联。集美大桥 BRT 专用车道桥梁共约 9.5 km。

区间桥梁标准联上部结构梁型断面采用斜腹板箱形截面，截面形式为单箱单室。一般路段采用 30 m 跨径的预应力混凝土箱形梁，以 3 m×30 m、4 m×30 m 为基本联，以 3 m×25 m 和 25 m＋30 m＋25 m 为调整联，个别地段受管线和交通等多方面的影响，采用了其他跨径。为了使全线的梁高在视觉上有连续性，景观上比较统一协调，跨径 33 m 以下统一采用 1.8 m 的梁高。

1.4.1 区间桥梁上部结构设计

(1) 现浇连续箱梁

区间标准的现浇连续箱梁有3种类型：3 m×30 m、4 m×30 m、25 m＋30 m＋25 m，墩高大于11.5 m的采用连续刚构、墩梁固结以提高整联梁下部结构的刚度。所有现浇箱梁按梁端无张拉空间设计，施工时各联互不干扰。

(2) 节段预制拼装连续箱梁

区间标准的节段预制拼装连续箱梁有4种跨径，共6种类型，即3 m×30 m、4 m×30 m、30 m＋32 m＋30 m、3 m×25 m、25 m＋30 m＋25 m、27.5 m＋30 m＋27.5 m，采用分节段预制拼装、先简支后结构连续的三跨及四跨预应力混凝土连续箱梁结构体系。

图1.6为厦门BRT区间桥梁。

图1.6　厦门BRT区间桥梁

1.4.2　路口节点桥梁上部结构特点

（1）路口节点钢箱梁设计

为了尽可能地缩短施工时间，减少对地面交通的干扰，快1线岛内段在跨交通繁忙路口处大多采用了钢箱梁，主跨径有40 m及以下、45 m、50 m、55 m、60 m等几种。设计时按照主跨径将其分为四类，考虑到远期升级为轻轨的要求，钢材材质采用Q345qD桥梁钢板。

钢箱梁采用单箱单室斜腹板截面的等高度梁，梁高分别为1 800 mm（主跨径40 m及以下），2 100 mm（主跨径45 m及以下），2 600 mm（主跨径50 m及55 m），3 000 mm（主跨径60 m）。箱梁顶宽9 800～10 900 mm，箱底宽4 464 mm，两侧悬臂长1 782～2 332 mm，悬臂梁采用焊接工字梁结构，箱梁外侧布置弧线形装饰板。

（2）跨路口节点预应力混凝土梁设计

对于地面交通不是很繁忙的路口，为降低造价，仍然采用了传统的现浇预应力混凝土连续箱梁，主跨径有40 m、50 m、55 m三种。

1.4.3　车站桥梁上部结构特点

（1）车站桥梁的结构形式

高架车站桥梁的结构形式，应根据车站的建筑、结构形式和桥梁与站厅的关系综合考虑，必要时可采用异形梁。原则上在满足车站功能的前提下，结构应尽可能简洁。高架车站的建筑、结构形式根据站厅与桥梁的关系可归纳为"站—桥分建"与"站—桥合建"两类。考虑到高架结构对城市景观的分隔比较显著，为了使得这种分隔感降至最低，采用"站—桥合建"体系是较好的选择，特别是路中式高架车站，采用"站—桥合建"体系，能明显地改善景观效果。

采用"站—桥合建"体系，桥梁梁部必须横向伸出，提供外挂楼梯、扶梯的支点，同时还要承担站台的功能，目前只有箱形梁能比较好地适应这些要求。因此，高架车站梁的结构形式一般采用箱形梁，考虑到桥面宽度比较宽，一般采用单箱双室箱形梁。外挂楼梯、扶梯的支点和疏散平台采用横隔梁伸出提供，横隔梁之间也应形成箱形结构，以增加整体稳定性和抗扭能力。

（2）车站桥梁梁部设计

车站桥梁除火车站外均布置为3 m×25 m预应力混凝土连续箱梁，采用现浇法施工。根据车站建筑形式和断面客流大小，车站梁桥面宽度也不相同，主要由站台宽度变化引起。车站站台长度近期为53.8 m（按停两部BRT车辆考虑），远期升级为轻轨时，再加长至75 m（按B型车四辆编组考虑），目前仅在结构上预留升级条件。但考虑到故障车的临时存放，每隔2～3个车站，站台长度加长至75 m，开辟专门的区域作为故障车临时停放区。

1.4.4 钢便桥结构特点

同安临时停车场接线道路从快2线高架桥引出，采用钢便桥下地，沿同莲路接入临时停车场，钢便桥全长231.659 m。

（1）钢便桥设计基准期：5年。

（2）桥梁设计安全等级：一级。

（3）环境类别：Ⅰ类。

（4）设计行车速度：20 km/h。

（5）BRT车辆设计荷载：

BRT车辆重29.5 t，按三轴布置荷载为100 kN/m^2。

（6）地震

地震基本烈度为7度，设计地震动峰值加速度为0.15g，构造措施按8度设防。

（7）桥面宽度

钢便桥桥面宽度为9 m，与区间桥梁同宽。钢便桥标准横断面布置为：0.5 m（护栏）＋0.25 m（路缘带）＋3.75 m（行车道）＋3.75 m（行车道）＋0.25 m（路缘带）＋0.5 m（护栏）＝9 m。

（8）桥梁平纵面

钢便桥平面最小半径R＝150 m，最大纵坡为8%。

钢便桥结构情况：由于本钢便桥为在同安枢纽站尚不能建成投入使用前的临时结构，因此上部结构采用"321"型贝雷梁架设，贝雷梁片长度为3 m（销孔间距），梁高1.5 m。本桥采用12 m作为主要跨径，局部适当调整。与BRT永久桥梁（弯箱梁）相接处，采用HN500×200型钢梁。钢便桥接地处，为避免设置桥头挡墙，采用梁高相对贝雷梁较小的HN500×200型钢作为纵向承重梁。桥面采用160 mm厚C30砼预制板，上铺80 mm厚现浇C30防水砼。

下部支墩较高处均采用ϕ630×8 mm螺旋钢管柱，钢管柱顶采用HN500×200

型钢作为分配梁，柱底采用钢筋混凝土扩大基础。较矮的桥墩采用钢筋混凝土柱或墙作为支墩，顶面设置 HN500×200 型钢作为分配梁，或预埋钢材与上部钢结构连接，基础亦采用钢筋混凝土扩大基础。

钢便桥桥面铺装采用 80 mm 厚防水混凝土，桥面设置双向 0.3% 横坡，通过防水混凝土厚度变化形成，保证最薄处厚度为 80 mm，铺装顶面采用钢筋压槽以防滑。现浇混凝土面层纵桥向每隔 6 m 设置一道构造缝，缝宽 10 mm。现浇混凝土铺装层中设置 D6 成品化热轧钢筋焊接网或 ϕ10 钢筋绑扎网，网孔为 100 mm×100 mm，顶面混凝土保护层不小于 30 mm。桥梁护栏采用 C30 混凝土防撞护栏，高 1.2 m。

1.5 BRT 车站结构特点

BRT 车站的结构设计是根据车站的建筑形式，构筑受力合理明确、构造尽量简单的结构体系，同时应确保结构安全。BRT 车站有高架站和地面站，地面站采用比较简单的轻钢结构，高架站大多为路中高架，在车站功能、地面交通和景观效果的综合要求下，结构形式较为复杂。

1.5.1 高架车站结构形式

对应于线路敷设方式和车站建筑的布置，无论是轨道交通还是 BRT 的高架车站，根据站厅与桥梁的关系，其上部结构形式均可归纳为"站（建）—桥分建"和"站（建）—桥合建"两类。

（1）"站（建）—桥分建"体系

"站（建）—桥分建"体系是指高架桥梁结构从车站中间或车站两侧穿过，结构上各自独立，无论上部还是下部均自成体系，互不干扰。这种结构体系的优点如下：

① 桥梁结构和车站结构完全脱开，各自独立，结构受力明确。

② 桥梁结构采用合理的跨径，以保证高架线路的跨径均匀布置，空间上连续协调。

③ 由于各自采用独立的结构体系，车辆运行产生的振动不会对站厅和站台结构产生影响。

其缺点有：

① 桥梁结构跨径较大，桥墩及梁的截面尺寸也较大，建筑平面和竖向布置均要考虑与之协调，对建筑布置产生一定影响。

② 由于站厅、站台结构不与桥梁共基础、共墩柱，站台梁也不结合桥梁共同受力，造成车站下墩柱较多，显得零乱，使车站景观受到影响。

③ 占用地面空间较多，对道路条件要求较高。

（2）"站（建）—桥合建"体系

"站（建）—桥合建"体系是将车站的站厅直接传力于桥梁的墩柱之上，不再单独设柱，结构连接采用固结或铰接。站台结构则直接传力于桥梁的梁部，或与桥梁的梁部合成整体。这种结构体系的优点如下：

① 整个车站除了天桥须在人行道上设置墩柱外，其余结构均传力于桥墩。如果站厅采用钢结构，在合适的桥梁跨径下，站厅下无须再设辅助墩，车站下部空间轻巧、通透，景观效果好。

② 车站结构整体性好，显得简洁、大方。

其缺点有：

① 结构受力复杂且不明确。楼梯、扶梯、天桥、站台梁均与桥梁结构合建，使得桥梁的上、下部结构受力异常复杂，给车站主体结构的设计带来较大的难度。

② 车辆运行产生的振动会对车站结构产生一定的影响。

（3）两种结构形式的比较

综上所述，"站（建）—桥合建"体系可达到车站与高架区间和谐统一的目的，且有利于建筑布置。整个车站显得通透、轻盈、美观、大方，对城市景观不会造成大的影响，适用于客流量不大的小型和中型车站。而"站（建）—桥分建"体系可发挥桥梁结构和框架结构各自的特点和优越性，使得车站体量尽可能做大，适用于客流量大的车站，但占用道路空间较多，景观效果差。

厦门市为著名的海滨旅游城市，车站建筑的景观效果犹如城市的一张名片，直接影响着城市的形象。厦门 BRT 高架车站大部分位于道路路中，因此，考虑到尽量减小结构体量及降低施工时对地面交通的影响，高架车站采用"站（建）—桥合建"的结构形式。

1.5.2 高架车站结构设计

（1）车站结构形式及其特点

大多数城市轻轨或高架的 BRT 线路沿着既有的城市道路中央分隔带布置，高架车站一般布置成路中式。

传统的"站（建）—桥合建"体系中，高架车站结构形式为了保证车站下方行车道的净空，墩柱一般是采用双层"干"字形桥墩，或是采用双柱、三柱式门形刚架。站厅层采用梁板结构与双层"干"字形独柱墩的下层长悬臂梁或门形刚架的下层横梁固结。利用桥墩的上层长悬臂梁或门形刚架的上层横梁提供外挂楼梯、扶梯的上支点并支承站台梁、车道梁。由于高架车站站台层的楼梯、扶梯往往设在最外侧，横向距离桥梁中心线长达十多米，所以，双层长悬臂梁结构尺寸往往做得很大，且同时支承站厅和站台两层结构。为了减小体量，纵向跨径会受到限制（一般不超过 20 m），或者需要在两桥墩的跨间站厅层下设置专门支承站厅层的单层 T 形辅助墩，以减小站厅层的跨径，使站厅层空间显得宽敞。但是这样的布置使得桥梁的墩柱较多、跨径较小，车站整体体量大，显得不够轻盈、通透，景观效果差，同时线路纵坡也难以降低。相对于繁华的都市街景，这往往使人们难以接受，从而制约快速公交系统在城市公共交通体系里的快速发展。

如果能够采用一种新的结构形式，使得高架车站的上、下层（站台层、站厅层）跨径同步达到与区间桥梁的跨径一致，站厅下无须再设辅助墩，那么整个车站就会显得轻盈、通透，且获得与区间桥梁空间上跨径一致、连续的景观效果，从而能有效地改善城市轻轨或高架 BRT 的整体景观，推动其在城市公共交通体系里的快速发展。

厦门 BRT 高架车站结构借鉴桥梁的支座概念，将传统的站厅层梁、板结构改为自身具有强大的纵、横向抗弯、抗剪、抗扭能力箱型梁结构，再通过支座支承在桥墩横向伸出的牛腿上。天桥一端同样通过支座支承在站厅层横向伸出的牛腿上，另一端支承在设在人行道的墩柱上。这种结构形式极大地简化了天桥、站厅层与桥墩之间的受力关系。通过设置支座，改传统的固结为铰接，站厅层仅传递横向弯矩和剪力至桥墩牛腿上，而不传递顺桥向弯矩，从而消除了站厅层与桥墩固结时作用于桥墩的纵向扭矩，改善了桥墩的受力状况，使得桥墩跨径纵向做大成为可能。同时由于站厅层为箱形结构，不但自身具有强大的抗弯、抗扭能力，还由于是通过支座与桥墩连接，自身可以采用强度较高、自重较小的钢箱梁，而不必像与桥墩固结那样考虑钢结构与混凝土结构的连接问题，从而实现了高架车站体量小、跨径大，轻盈、通透的景观目标，使站厅和桥梁跨径上下一致，同步达到 25 m。

站厅层铰接支承在桥梁墩柱横向伸出的牛腿上，天桥铰接支承在站厅上，站台层的楼梯、扶梯上下两端分别铰接支承在桥梁的横向长悬臂梁和站厅上，站台板支承在区间桥梁的长悬臂翼缘板上，把桥梁结构和车站站厅、过街天桥、楼梯、扶梯等有机地结合为一体。这种结构形式的特点如下：

① 站厅支承借鉴桥梁的支座概念，实现了结构上的受力简化，从而使站厅和桥梁跨度同步增大成为可能。

② 站厅层采用整体钢箱梁，以减小结构体量和自重。钢箱梁总长 30 m、最大宽度为 24.2 m，最大悬挑长度为 12.1 m，悬挑末端支承天桥和楼梯、扶梯。

③ 站台层采用整体式预应力混凝土箱梁，利用箱梁横向外伸的大悬臂梁（箱室结构）支承外挂的楼梯、扶梯和休息平台，最大悬挑长度为 12.1 m。站台板和车站雨篷、安全门等直接支承在箱梁的长悬臂翼缘板上。整个上部结构浑然一体，把建筑结构和桥梁结构有机地结合在一起。

④ 该结构形式中站台层箱梁和站厅层钢箱梁的梁体宽度都较大，与楼梯、扶梯等相接的细部节点构造较复杂。上、下层横向最大总宽度为 24.2 m，最大悬挑横梁长度为 12.1 m，且悬挑末端有天桥、楼梯、扶梯和疏散平台等较大的集中荷载，站台板和雨棚荷载直接施加于箱梁翼缘板上。这就要求箱梁必须有足够大的整体刚度，以满足强度、变形以及自振频率的要求。

⑤ 采用该结构形式使得高架车站显得简洁、大方、轻盈、通透，景观效果好。

（2）车站主体结构设计

① 站厅层

为减轻结构自重和减小水平地震力，站厅层采用全焊接整体式钢箱梁，支承在桥梁墩柱伸出的钢筋混凝土牛腿上，支座采用抗震球形钢支座。钢箱梁应有足够的整体刚度，以满足强度变形以及自振频率的要求。由于纵、横向平面尺寸均较大，计算时应采用空间分析方法。站厅层由工厂分块制作，现场吊装排接后焊接成整体。

② 站台层

车站站台层由加宽的车道梁上加设的架空层形成，车道梁采用预应力混凝土箱梁。连接车站站厅层（二层）和站台层的楼梯、扶梯由站厅层梁提供下支座，上支座由车道梁的悬臂梁提供支承。

③ 屋面雨篷

厦门BRT一期工程高架车站站台雨篷采用拱形钢架结构，由横向的拱形钢架、纵向的圆钢管连系梁以及方管檩条组成，屋面板为强度高、耐久性好的蜂窝铝板，拱形钢架固结于站台梁上。

站台层雨篷的柱脚固定于站台梁的悬臂板上，对悬臂板产生较大的竖向荷载、弯矩和剪力。因此，站台层雨篷固结处箱梁的翼缘板需加强设计。

④ 人行天桥

高架车站的人行天桥连接道路两侧和路中高架车站的站厅，天桥的路侧一端支承于桥墩，另外一端通过支座支承于站厅结构上。天桥采用自重较小的钢箱梁，箱形截面外观整齐，体量较小，较适用于中小跨度的天桥。天桥须在站厅钢箱梁上设置抗震栓，作为抗震的构造措施。图1.7为厦门BRT高架车站实景。

图1.7 厦门BRT高架车站实景

⑤ 楼梯

高架车站一般设置2～4个站厅至站台的楼梯。由于楼梯跨度较大，一般采用钢结构。钢楼梯的结构形式为桁架式，主要由两片钢桁架、横向联系梁、楼梯板组成，桁架式楼梯一般用于跨度较大的楼梯。

1.5.3 地面车站结构设计

地面车站位于道路路中或路侧，车站结构设计应尽量减小体量及结构施工对地面交通的影响。车站上部结构可采用钢筋混凝土结构或钢结构。钢结构易安装、拆卸，体量小，因此，厦门 BRT 一期工程地面车站上部结构均采用一层的框架钢结构。

1.6 附属设施结构特点

（1）路面沥青

高架桥梁专用车道沥青面积约为 38 980 m（长）×9 m（宽）= 350 820 m^2；地面站混合道车道沥青面积约为：凤林站到潘涂站 8 200 m（长）×8 m（宽）= 65 600 m^2，中科院站到厦门北站 5 000 m（长）×8 m（宽）= 40 000 m^2，合计 456 420 m^2。车道保洁面积与其相同。

（2）高架车道交通标线

高架车道面积约 38 980 m（长）×0.15 m（宽）×4 条 = 23 388 m^2；交通标识道钉：车道 38 980 m（长）÷4 m/ 个 ×2 条 = 19490 个。

（3）车道排水系统

车道两侧排水沟长度约为 29.48 km×2 侧 = 58.96 km，排水管长度为 20 m/ 条 ×1 001 个桥墩 = 20 020 m。每月定期对排水管、沟以及泄水口等进行维护清理。

（4）BRT 护栏夜景工程

① BRT 的县后站至高崎 T4 候机楼站路段高架桥全长约 1.47 km，该路段安装有护栏灯 1 400 套。功率：12W/ 套。色温：6 000 K。LED 光源，灯具要求为 IP65、WF2、AC220 V 供电。两侧布置线光源勾勒桥身轮廓，安装有 LED 点光源灯 1 400 套、LED 线光源灯 1 400 套。LED 点光源：功率为 6W/ 套，色温为 5 000 K。LED 线光源：功率为 8W/ 套，色温为 5 000 K。灯具要求为 IP65、WF2、AC220 V 供电。

② 同安高架桥起点至城南站路段长约 11.5 km，该路段安装有护栏灯 5 600 套；防护等级为 IP65，光源类型为 LED，额定功率为 12 W，额定电压为 220 V，色温为 5 700～6 000 K。该路段安装有 LED 点光源夜景灯具 5 800 套；防护等级

为 IP65，光源类型为 LED，额定功率为 5 W，额定电压为 220 V。

（5）桥梁伸缩缝

岛内 BRT 桥梁伸缩缝共计 187 道约 1 758 m。具体情况为：第一码头枢纽站—开禾路站（6 道）；开禾路站—思北站（5 道）；思北站—斗西路站（8 道）；斗西路站—二市站（7 道）；二市站—文灶站（17 道）；文灶站—火车站（8 道）；火车站—莲坂站（10 道）；莲坂站—龙山桥站（9 道）；龙山桥站—卧龙晓城站（13 道）；卧龙晓城站—东芳山庄站（8 道）；东芳山庄站—蔡塘站（16 道）；蔡塘站—金山站（17 道）；金山站—市行政服务中心站（13 道）；市行政服务中心站—双十中学站（12 道）；双十中学站—县后站（12 道）；县后站—T4 候机楼站（2 道）；东芳山庄站—洪文站（9 道）；洪文站—前埔枢纽站（15 道）。

岛外 BRT 桥梁伸缩缝共计 117 道约 1 100 m。具体情况为：T4 候机楼站—嘉庚体育馆站；潘涂站—滨海新城站；滨海新城站—官浔站；官浔站—轻工食品园站；轻工食品园站—四口圳站；四口圳站—工业集中区站；工业集中区站—第三医院站；第三医院站—城南站。

（6）桥梁声屏障

岛内 BRT 沿线声屏障安装总长约 15 938 m，宽 1.8 m，面积合计约 28 688 m^2；岛外 BRT 沿线声屏障安装总长约 4 130 m，宽 2 m，面积合计约 8 260 m^2。车道两侧防撞护栏涂装面积约 88 440 m^2。

（7）办公区

包括前埔枢纽站办公区、第一码头枢纽站办公区及目前未投入使用的东方山庄站办公区、同安枢纽站办公区、高崎站办公区。

（8）BRT 专用下穿隧道

BRT 专用下穿隧道长约 1 000 m。

（9）防抛网

BRT 防抛网长约 942 m。

（10）隔离护栏

BRT 隔离护栏尺寸为 1 290 mm×3 000 mm，在集美段长约 8 km。

厦门 BRT 高架桥面实景如图 1.8 所示。

图 1.8 厦门 BRT 高架桥面实景

1.7 厦门 BRT 的运营特点与管养现状

厦门 BRT 作为引领未来公共交通发展趋势的新型系统，BRT 快速公交系统有很多优势。

（1）快速

BRT 的速度快于常规公交。BRT 快于常规公交的速度主要是基于行驶时拥有 BRT 专用道路和路口优先通行权，以及车外优越的服务体系两个部分来实现。

（2）高容量

BRT 的乘客运送能力大于常规公交，这主要是由于 BRT 拥有专用的行驶道路，使 BRT 专用车辆可以拥有更大的载客量的同时能够保证安全快速的行驶。

（3）舒适

优化设计后的 BRT 专用车辆和良好的车站服务使 BRT 的使用舒适程度很高。

（4）便利

较常规公交相对封闭的运营环境、更严格的安保措施和更快捷的行驶速度使 BRT 系统带给乘坐者更大的便利。

（5）高性价比

BRT 的建设投资周期短，且投资总量虽然大于常规公交体系的建设投入，但远远低于轨道交通系统的建设投入，具有极高的性价比。

厦门 BRT 是国内快速公交系统建设中级别最高的公共交通项目，全国首创多形式组合、高架桥模式、一次成网。厦门 BRT 于 2008 年 9 月 1 日正式投入使用。一期工程总长度 115 km，其中高架段约 39.5 km，地面段约 16.2 km，隧道约 1 km。目前已开通运营 6 条线路；运营里程 158.9 km（不含共线部分）。车站数总计 45 个，包括 28 个高架站以及 17 个地面站。BRT 日均客运量约 30 万人次，以约 7% 的公交车辆数承担全市 13.5% 的客运量。截至 2019 年 2 月，开通运营以来累计客流达 10 亿人次。

2 BRT 桥梁检评技术体系建立

鉴于 BRT 桥梁的特殊性，现行规范无法完全适用，导致历史检测中的桥梁检评标准存在一定的差异，影响桥梁技术状况的评估和材质状况的检测。因此，为了建立 BRT 区段桥梁检评标准体系，统一桥梁构件编号势在必行。同时，需在规范的基础上制定适合 BRT 桥梁结构特性的检测项目与执行标准，从而达到标段按规范形成标准化检测与管养，实现更为科学、高效的桥梁检测和管理。

2.1 关于区段桥梁构件的编号

构件编号方位以面向大桩号侧为准，其前为前，左为左。墩台编号说明："顺序号"+"#"+"构件名称"。

（1）墩号从第一码头往诚毅学院前进方向依次为 0# 桥台，1# 墩，2# 墩……，如 1# 墩有 2 个墩柱，则从右到左分别为 1-1# 墩，1-2# 墩。

从集美大桥往凤林方向，延续诚毅学院墩柱最后一个编号 N# 墩依次为 N＋1# 墩，N＋2# 墩……

联号编号从第一码头往诚毅学院前进方向依次为第 1 联，第 2 联……，从集美大桥往凤林方向，延续诚毅学院墩柱最后 1 联编号第 N 联依次为第 N＋1 联，第 N＋2 联……

（2）从潘涂往同安前进方向依次为 T0# 桥台，T1# 墩，T2# 墩，T3# 墩……，如 T1# 墩有 2 个墩柱，则从右到左分别为 T1-1# 墩，T1-2# 墩。

联号编号从潘涂往同安前进方向依次为第 T1 联，第 T2 联……

（3）从东芳山庄往前埔前进方向依次为 L1# 墩，L2# 墩，L3# 墩……，如 L1# 墩有 2 个墩柱，则从右到左分别为 L1-1# 墩，L1-2# 墩。

嘉盛豪园 K5、K6 转弯道，从洪文往蔡塘方向，延续前埔墩柱最后一个编号 LN# 墩依次为 LN＋1# 墩，LN＋2# 墩……

联号编号从东芳山庄往前埔前进方向依次为第 L1 联，第 L2 联……

（4）应急匝道编号规则为"匝道名称"+"Z"+"墩序号"（地面往上桥方向），如第一码头匝道编号为第一码头 Z0# 桥台（地面），第一码头 Z1# 墩，第一码头 Z2# 墩……，如 1# 墩有 2 个墩柱，则从右到左分别为第一码头 Z1-1# 墩，第一码头 Z1-2# 墩。

联号编号从地面往上桥方向依次"匝道名称"+"Z"+"顺序号"，如第一码头匝道地面往上桥方向联号依次为第一码头第 Z1 联，第一码头第 Z2 联……

桥梁联编号及墩编号实例见表 2.1。

表 2.1　桥梁联编号及墩编号实例

编号	桥联号	跨径 /m	结构形式	位置	桥墩编号
1	第 1 联	22.6＋22＋22.4	现浇箱梁	第一码头	0# 桥台，1# 墩，2# 墩，3# 墩
2	第 2 联	22＋21＋21＋21	现浇箱梁		4# 墩，5# 墩，6# 墩，7# 墩
3	第 3 联	30＋45＋30	钢箱梁		8# 墩，9# 墩，10# 墩
4	第 4 联	3×30	预制箱梁		11# 墩，12# 墩，13# 墩

2.2　构件编号规则

伸缩缝编号说明：为了方便管养、维修，需进行病害定位，将伸缩缝编号对应为"墩柱编号"+"构件名称"，如第一码头往诚毅学院前进方向的 1# 墩正上方伸缩缝编号为 1# 墩伸缩缝，从潘涂往同安前进方向的 T5# 墩正上方伸缩缝编号为 T5# 墩伸缩缝。

纵向桥孔（桥跨）编号说明：

（1）从第一码头往诚毅学院前进方向依次为第 1 跨，第 2 跨……

（2）从集美大桥往凤林方向，延续诚毅学院最后一个编号第 N 跨依次为第 N＋1 跨，第 N＋2 跨……

（3）从潘涂往同安前进方向依次为第 T1 跨，第 T2 跨，第 T3 跨……

（4）从东芳山庄往前埔前进方向依次为第 L1 跨，第 L2 跨，第 L3 跨……

嘉盛豪园 K5、K6 转弯道，从洪文往蔡塘方向，延续前埔最后一个编号第 LN 跨依次为第 LN＋1 跨，第 LN＋2 跨……

（5）应急匝道编号规则（地面往上桥方向）为"匝道名称"＋"Z"＋"顺序号"，如第一码头匝道编号为第一码头第Z1跨，第一码头第Z2跨……

支座编号说明："墩柱编号"＋"顺序号"＋"#"＋"构件名称"，顺序号按小桩号到大桩号方向从右往左第一个支座编起，如该墩上有2排支座，先编小桩号那一排的支座，然后再编大桩号方向的支座。示意如下：

（1）从第一码头往诚毅学院前进方向1#墩上有2排各2个支座。小桩号那排支座从右往左依次编号为1-1#支座，1-2#支座。大桩号那排支座从右往左依次编号为1-3#支座，1-4#支座。

（2）从潘涂往同安前进方向T1#墩上有2排各2个支座。小桩号那排支座从右往左依次编号为T1-1#支座，T1-2#支座。大桩号那排支座从右往左依次编号为T1-3#支座，T1-4#支座。

其他构件编号说明："桥孔编号"＋"顺序号"＋"构件名称"，顺序累加方式为右为1、左为2……（参考方向为桩号增大方向）

构件编号实例见表2.2。

表2.2 构件编号实例

桥墩编号	桥梁构件	桥梁构件编号	范例
3#墩 （第一码头第1联位置）	箱梁	第3跨	第3跨
	桥面铺装	第3跨桥面铺装	第3跨-PZ
	支座	3-1#支座	3-1#-ZZ
		3-2#支座	3-2#-ZZ
	墩身	3#墩身	3#-DZ
	伸缩缝	3#墩伸缩缝	3#-SSF
	排水系统	第3跨-1排水系统	第3跨-1#-PS
		第3跨-2排水系统	第3跨-2#-PS
	栏杆或护栏	第3跨-1栏杆或护栏	第3跨-1#-HL
		第3跨-2栏杆或护栏	第3跨-2#-HL
	附属设施	第3跨-1附属设施	第3跨-1#-FS
		第3跨-2附属设施	第3跨-2#-FS

备注：编号中的构件名称以拼音首字母代替，缩写字母含义说明：DZ：墩柱；ZZ：支座；SSF：伸缩缝；HL：护栏；PS：排水；PZ：铺装；FS：附属设施。

2.3 BRT 桥梁技术状况评定

2.3.1 桥梁各组成部分构件的权重值

目前，桥梁的日常定期检测依据最新的《城市桥梁养护技术标准》（CJJ 99—2017），并开展桥梁状态评定。由于 BRT 桥梁的特殊性，《城市桥梁养护技术标准》（CJJ 99—2017）中对桥梁构件权重的划分不能完全适用，需要依据 BRT 桥梁的实际情况对部分要素的权重值进行调整，调整前后权重值如表 2.3、表 2.4 所示。

表 2.3 桥梁各要素权重值分布（原规范）

桥梁部位	权重	组成	权重
桥面系	0.15	桥面铺装	0.3
		桥头平顺	0.15
		伸缩装置	0.25
		排水设施	0.1
		人行道*	0.1
		护栏	0.1
上部结构	0.40	梁桥	0.6（主梁）
			0.4（横向联系）
		刚构桥	0.8（主梁）
			0.2（横向联系）
下部结构	0.45	盖梁*	0.1
		墩身	0.3
		基础	0.3
		冲刷*	0.2
		支座*	0.1

备注：来自现行规范《城市桥梁养护技术标准》（CJJ 99—2017），表中带 * 号项表示该项在表 2.3 中有修改或增删。

表 2.4　桥梁各要素权重值分布（调整后）

桥梁部位	权重	组成	权重
桥面系	0.15	桥面铺装	0.3
		桥头平顺	0.15
		伸缩装置	0.25
		排水设施	0.1
		护栏	0.1
		附属设施*	0.1
上部结构	0.40	梁桥	0.6（主梁）
			0.4（横向联系）
		刚构桥	0.8（主梁）
			0.2（横向联系）
下部结构	0.45	盖梁	0.1
		墩身	0.3
		基础	0.3
		冲刷	0.2
		支座*	0.1

备注：① 表中带*项表示相对表2.3进行了修改。其中地基（冲刷）项"地基"使用对象为陆地桥梁，"冲刷"使用对象为跨海大桥。② 未检测到的部件，其权重按其余部件的权重进行分配。③ 每联的第一个桥墩为共用桥墩，参与评定计算。

2.3.2　各构件检测项目及检测方法

基于《城市桥梁养护技术标准》（CJJ 99—2017）、《城市桥梁检测与评定技术规范》（CJJ/T 233—2015），并结合历史桥检报告数据，对桥梁构件的检测项目和检测方法做进一步的完善，如表2.5和表2.6所示。

表 2.5 完善后的桥梁缺损状况检测项目与检测方法

主要检测内容（检测频率）	方法	备注	检查项目	检查依据
桥面铺装检查（全检）	外观检查及裂缝检查	采用钢尺等工具对检测区间所有桥面铺装进行检测（含裂缝检查）	桥面铺装平整度检测 桥面铺装裂缝检测	《城市桥梁养护技术标准》（CJJ 99—2017）
桥头平顺（全检）	目测结合仪器	采用钢尺等工具对检测区间所有桥头平顺进行检测	桥头沉降检测 台背下沉值检测	《城市桥梁养护技术标准》（CJJ 99—2017）
伸缩缝检查（全检）	外观检查	检查时应记录现场温度	伸缩缝的平整程度 伸缩缝部件（含止水带）及锚固区破损和失效情况 伸缩缝装置的工作状态	《城市桥梁养护技术标准》（CJJ 99—2017） 《公路桥梁技术状况评定标准》（JTG/T H21—2011） 《城市桥梁检测与评定技术规范》（CJJ/T 233—2015）
排水系统检查（全检）	外观检查	采用路灯车、望远镜等工具对检测区间所有防排水系统进行检测	桥面横坡、纵坡是否顺适，有无积水 泄水管有无堵塞，泄水能力情况 防水层是否正常工作，有无渗水现象 排水设施缺损情况	《城市桥梁养护技术标准》（CJJ 99—2017）
护栏检查（全检）	外观检查及裂缝检查	采用钢尺、望远镜等工具对检测区间所有护栏进行检测（含裂缝检查）	护栏是否松动错位 护栏构件是否缺损	《城市桥梁养护技术标准》（CJJ 99—2017）
附属设施（全检）	外观检查	采用目测的方法对检测区间所有附属设施进行检测	声屏障缺损状况检查 灯光装饰缺损状况检查 反光标志缺损状况检查	《城市桥梁养护技术标准》（CJJ 99—2017）
箱梁检查（全检）	外观检查及裂缝检查	采用路灯车、钢尺、望远镜等工具对检测区间所有主梁进行检测（含裂缝检测）	箱梁裂缝检查 梁体变形 箱梁表面有无空洞、蜂窝、麻面、剥落、露筋，有无渗水现象	《城市桥梁养护技术标准》（CJJ 99—2017）
墩台身检查（全检）	外观检查及裂缝检查	采用路灯车、钢尺、望远镜等工具对检测区间所有抗震挡块进行检测（含裂缝检测）	墩台身裂缝检查 桥墩的位置形态检查	《城市桥梁养护技术标准》（CJJ 99—2017）
支座检查（全检）	外观检查	采用路灯车对检测区间所有支座进行检测	部件损坏 位移、转角 部件磨损、开裂	《城市桥梁养护技术标准》（CJJ 99—2017） 《城市桥梁检测与评定技术规范》（CJJ/T 233—2015） 《公路桥梁技术状况评定标准》（JTG/T H21—2011）
裂缝检查	目测结合仪器	利用裂缝综合测试仪进行裂缝宽度检测；利用钢卷尺进行裂缝长度检测；裂缝深度可按现行国家标准《混凝土结构现场检测技术标准》（GB/T 50784—2013）规定的方法检测，或通过钻芯法验证	—	《城市桥梁检测与评定技术规范》（CJJ/T 233—2015），裂缝宽度限值可参考上述规范执行

表2.6　完善后的桥梁材质状况与状态参数检测项目与检测方法

检测项目（检测频率）	检测方法	检测依据	备注
构件混凝土强度检测（不宜低于10%）	回弹法、超声回弹综合法	《回弹法检测混凝土抗压强度技术规程》（JGJ/T 23—2011）《混凝土结构现场检测技术标准》（GB/T 50784—2013）《回弹法检测混凝土抗压强度技术规程》（DBJ/T 13-71—2015）《回弹法检测高强混凝土抗压强度技术规程》（DBJ/T 13-113—2009）	抽样数量宜符合国家标准《混凝土结构现场检测技术标准》（GB/T 50784—2013）的规定，切应选择重要构件进行重点部位检测，单个构件专门检测时的测区数量不宜少于10个；结构构件混凝土强度的推定应按显著性国家标准《混凝土结构现场检测技术标准》；可采用钻芯法对混凝土推定强度进行修正或验证
混凝土碳化深度检测（不宜低于10%）	砼碳化深度测定仪	《混凝土结构现场检测技术标准》（GB/T 50784—2013）	被测构件或部位的测区数量不应少于3个，或不应少于混凝土强度测区数量的30%；碳化深度对钢筋锈蚀的影响，应根据测区混凝土碳化深度平均值与实测保护层厚度平均值之比来判定
钢筋间距及保护层厚度检测（不宜低于10%）	电磁感应法	《公路桥梁承载能力检测评定规程》（JTG/T J21—2011）《混凝土结构耐久性设计规范》（GB/T 50476—2019）《混凝土中钢筋检测技术标准》（JGJ/T 152—2019）《混凝土结构现场检测技术标准》（GB/T 50784—2013）	钢筋保护层厚度对结构钢筋耐久性的影响 钢筋保护层最小厚度 检测部位选择： 主要构件或主要受力部位 钢筋锈蚀电位测试结果表明钢筋可能锈蚀活化的部位 发生钢筋锈蚀胀裂的部位 布置混凝土碳化深度测区的部位
桥面线形检测（专项检测）	闭合水准测量	《建筑变形测量规范》（JGJ 8—2016）《城市桥梁工程施工与质量验收规范》（CJJ 2—2008）	本项主要针对大跨度，小半径等重点区段桥梁进行线性检测，具体区段由业主指定后进行逐年检测对比 测点应沿桥纵向在桥轴线和车行道上下游边缘线3条线上分别布设，且宜布设在桥跨或桥面结构的跨径等分点界面上；对中小跨径桥梁，单跨测量截面不宜少于5个；对大跨径桥梁，单跨测量截面不宜少于9个
墩台基础变位检测（非必须项）	垂线测量、几何测量、光学测距等间接测量方法	《公路桥梁技术状况评定标准》（JTG/T H21—2011）	当结构存在支座严重老化、脱空、墩柱开裂、倾斜等重大病害对应对墩台基础变位进行检测 当结构变位对结构的安全或正常使用功能有影响时，应对结构的承载能力进行检算评定；墩台基础变位检测应包括基础的沉降、位移和转角，测点不得少于4个
钢箱梁漆膜厚度检测（全检）	干漆膜测厚仪检测	《钢结构工程施工质量验收规范》（GB 50205—2001）	每个构件检测5处，每处的数值为3个相距50 mm测点涂层干漆膜厚度的平均值

续表

检测项目 （检测频率）	检测方法	检测依据	备注
钢筋混凝土中氯离子含量的检测（必要时可增加）	化学分析法	《城市桥梁检测与评定技术规范》（CJJ/T 233—2015）	根据构件的工作环境、质量状况以及钢筋半电池电位的检测结果，选定构件进行氯离子含量检测，每一被测构件测区数量不宜少于3个；氯离子含量测定的试样制备及试样化学分析按《城市桥梁检测与评定技术规范》（CJJ/T 233—2015）的规定执行；化学分析用混凝土试样可在测区不同深度部位取样
混凝土电阻率的检测	四电极法	《城市桥梁检测与评定技术规范》（CJJ/T 233—2015）	每一被测构件测区数量不宜少于30个；测区混凝土的电阻率应采用最小值；判定混凝土电阻率对钢筋锈蚀影响的评价

针对 BRT 桥梁结构的特殊性，在已有规范的基础上，结合历史 BRT 桥梁检评对此做的先期探索，对桥梁构件的权重值进行调整，使其能够更精确地反映桥梁技术状况。此外，根据实际存在的病害结合现行规范，整理出适应 BRT 桥梁的缺损状况检查和无损状况检查的检测项目与检测方法。部分特殊病害因为缺少对应的扣分值无法参与评定。因此，在后续的章节将对这部分特殊病害制定相对应的扣分值及说明。

2.4　桥梁构件病害及扣分值制定

由于历史桥梁检评报告中所出现的部分病害无法与规范病害进行相对应扣分，而且各标段使用的病害名称也存在差异，影响城市桥梁状况指数 BCI 评定的精确性，进而影响后续的桥梁检测和管养工作。因此，需要对桥梁构件的病害分类优化，形成实施的标准。

桥梁构件病害及扣分值表以《城市桥梁养护技术标准》（CJJ 99—2017）、《城市桥梁检测与评定技术规范》（CJJ/T 233—2015）等为基础，结合历史桥梁检评报告，对规范中未给出评定依据的病害制定评分标准，或对个别原规范病害进行补充，具体详见附表中的附表1。

3 BRT 站台结构物检评技术体系建立

本章节在 BRT 站台历史检测的基础上，通过完善其检测标准及制定 BRT 站台技术状况评定标准，为构建与实现城市基础设施全生命周期管养奠定基础。

通过对厦门 BRT 站台现状调研及检测评定的历史数据的研究，可以发现现阶段站台检测与评定存在着些许不足：现阶段站台分类不统一、检测项目存在差异、部分病害没有相应扣分值。

本章节针对这些问题提出相应的解决措施，通过对 BRT 站台分类及组成部分定义，制定各构件检测项目、检测方法、病害扣分值。参考桥梁技术状况评定方法，采用层次分析法制定针对 BRT 站台的技术状况评定标准。以"龙山站"为例实际验算了研究成果，证实本章节研究的站台检测与技术状况评定方法的可行性。通过对 BRT 站台检测与评定标准的制定提高 BRT 站台健康档案管理的科学性。

3.1 车站站台分类及各组成部分定义

BRT 沿途高架车站均为三层车站，采用"建桥合一"的结构模式，由路中主体结构和人行天桥组成。我们将 BRT 沿途高架车站定义为五部分，分别为候车站台、售票站厅、天桥、自动扶梯、步梯。各部分定义如下：

（1）候车站台指高架车站第三层桥梁延伸出来的站台（桥梁部分仍归桥梁结构进行检评），候车站台由候车站台主体结构、地面站下穿道及附属结构物（包含候车区管棚、排水设施、护栏及栏杆、站台铺装等）组成。

（2）售票站厅指高架车站第二层站厅层的站厅部分，售票站厅由站厅主体结构及附属结构物（包含站厅铺装、排水设施、护栏、栏杆及维护结构）、支承（包含钢筋砼牛腿、支座）组成。

（3）天桥指的是高架车站的人行天桥，天桥由桥面系（包含桥面铺装、护栏及栏杆、排水设施）、上部结构（由钢箱梁、人行步梯组成）、下部结构（包含支座、支墩、基础、人行步梯下部结构）组成。

（4）自动扶梯指高架车站一层及二层的自动扶梯设备，自动扶梯由自动扶梯设备及支承（包含支座、牛腿、支墩、梯台）组成。

（5）步梯指上站台二层与三层之间的钢结构步梯，钢结构步梯由步梯主体结构（包含纵梁、横梁、系杆、钢制踏步、踏步铺装、护栏及维护结构）、支承（即钢牛腿）组成。

各标段站点组成部分对照如表 3.1 所示。

表 3.1　各标段站点组成部分对照表

站名	候车站台	售票站厅	天桥	自动扶梯	步梯
第一码头站	√	√	√	√	√
开禾路站	√	√	√	√	√
思北站	√	√	√	√	√
斗西路站	√	√	√	√	√
二市站	√	√	√	√	√
文灶站	√	√	√	√	√
火车站	√	√	√	√	√
莲坂站	√	√	√	√	√
龙山桥站	√	√	√	√	√
卧龙晓城站	√	√	√	√	√
东芳山庄站	√	√	√	√	√
洪文站	√	√	√	√	√
前埔枢纽站	√	√	√	√	√
蔡塘站	√	√	√	√	√
金山站	√	√	√	√	√
市行政服务中心站	√	√	√	√	√
双十中学站	√	√	√	√	√
县后（机场）站	√	√	√	√	√
嘉庚体育馆站	√	√	√	√	√

续表

站名	候车站台	售票站厅	天桥	自动扶梯	步梯
滨海新城（西柯）					
枢纽站	√	√	√		√
官浔站	√	√	√		√
轻工食品园站	√	√	√		√
四口圳站	√	√	√		√
工业集中区站	√	√	√		√
第三医院站	√	√	√	√	√
城南站	√	√	√	√	√

由表 3.1 可知，我们将 BRT 沿途高架车站定义为五部分，由候车站台、售票站厅、天桥、自动扶梯、步梯组成，这样的划分具有可行性、合理性。

3.2　车站编号规则

（1）候车站台编号规则

规则为"车站名"+"-"+"SH 或者 XH"。SH 为上行候车站台，XH 为下行候车站台。线路起点站往终点站方向右侧为线路上行，用 S 表示；左侧为线路下行，用 X 表示。

模式：站点名 - 上 / 下行候车站台。

例：龙山桥站 -SH 表示龙山桥站上行候车站台。

（2）售票站厅编号规则

规则为"车站名"+"-"+"P"。售票站厅不区分上下行。

模式：站点名 - 售票站厅。

例：龙山桥站 -P，表示龙山桥站售票站厅。

（3）天桥编号规则

规则为"车站名"+"-"+"SQ 或者 XQ"。SQ 为上行天桥，XQ 为下行天桥。线路起点站往终点站方向右侧为线路上行，用 S 表示；左侧为线路下行，用 X 表示。

模式：站点名-上/下行天桥。

例：龙山桥站-XQ，表示龙山桥站下行天桥。

（4）自动扶梯编号规则

规则为"车站名"+"-"+"SF 或者 XF""顺序号"（其中 SF 为上行自动扶梯，XF 为下行自动扶梯）。线路起点站往终点站方向右侧为线路上行，用 S 表示；左侧为线路下行，用 X 表示。自动扶梯顺序号：从二层靠起始站侧由"1"开始依次编号，再编靠终点站侧，二层编完再编一层。

模式：站点名-上/下行自动扶梯顺序号。

例：龙山桥站-SF1，表示龙山桥站上行 1 号自动扶梯。

（5）步梯编号规则

规则为"车站名"+"-"+"SB 或者 XB""顺序号"（其中 SB 为上行步梯，XB 为下行步梯）。线路起点站往终点站方向右侧为线路上行，用 S 表示；左侧为线路下行，用 X 表示。自动扶梯顺序号：从二层靠起始站侧由"1"开始依次编号，再编靠终点站侧。

模式：站点名-上/下行步梯顺序号。

例：龙山桥-XB2，表示龙山桥下行 2 号步梯。

各组成部分构件编号规则为"车站各组成部分编号"+"-"+"组成要素名称"+"-"+"构件顺序号"。构件顺序号增大方向同起始站往终点站方向并且从右至左增大（其中左右同起点站往终点站看的左侧右侧）。BRT 站台各组成部分构件编号规则如图 3.1 所示，构件编号实例如表 3.2 所示。

```
候车站台 → 构件 → 模式：站点名-上下行候车站台-组成要素名称、构件顺序号

售票站厅 → 构件 → 模式：站点名-售票站厅-组成要素名称、构件顺序号

天桥 → 构件 → 模式：站点名-上下行天桥-组成要素名称、构件顺序号

自动扶梯 → 构件 → 模式：站点名-上下行自动扶梯顺序号-组成要素名称、构件顺序号

步梯 → 构件 → 模式：站点名-上下行步梯顺序号-组成要素名称、构件顺序号
```

图 3.1　BRT 站台各组成部分构件编号规则

表 3.2　构件编号实例

部位	实例	含义
候车站台	龙山桥站 -SH-PZ	龙山桥站上行候车站台的铺装
	龙山桥站 -SH-XL	龙山桥站上行候车站台的现浇箱梁
售票站厅	龙山桥站 -P-ZZ1	龙山桥站售票站厅的 1 号支座
	龙山桥站 -P-PS	龙山桥站售票站厅的排水设施
天桥	龙山桥站 -SQ-ZD1	龙山桥站上行天桥 1 号支墩
	龙山桥站 -SQ-ZZ2	龙山桥站上行天桥 2 号支座
自动扶梯	龙山桥站 -SF1-ZD1	龙山桥站上行 1 号自动扶梯 1 号支墩
	龙山桥站 -XF1-ZZ2	龙山桥站下行 1 号自动扶梯 2 号支座
步梯	龙山桥站 -SB2-ZD2	龙山桥站上行 2 号步梯 2 号支墩
	龙山桥站 -XB1-NT2	龙山桥站下行 1 号步梯 2 号牛腿

3.3　车站站台各部分组成权重

为了更好地了解站台现状，需要对站台的技术状况进行评定。因此本章节参考《城市桥梁养护技术标准》（CJJ 99—2017）中关于桥梁组成权重的划分，我们采用层次分析法，根据影响结构安全重要性程度将站台各组成部分的权重进行划分。

本节采用层次分析法，这种方法的特点是既有定性分析又有定量分析，通过数据表达的方式，在实测数据的基础上适当地加上人的主观性。分别分析各个指标在站台评价中的影响值来决策权重。具体操作过程是：

（1）根据各类站台的具体情况，将影响站台技术状况的条件分类罗列出来，形成层次化的计算模型。

（2）根据各规范要求的不同，依据每个层次影响站台评定的因素对结果的重要性，组成评定的矩阵，由此得到各因素的权重。

（3）最后将排列好的权重值进行分析站台评定。

层次分析法的优点是适用性好，计算模型容易理解，评定过程清楚。该方法在交通、土建、灾害评估等各方面普遍采用。层次分析的目标为分析各种因素对站台部件的影响重要值，再对比分析部件在上一层评定中的权值。通过对比每种影响因素可以得到这种权重值,所以这个过程的重要一环是合理地确定权重值。

BRT 站台各组成部分权重如表 3.3 所示。候车站台组成及权重如表 3.4 所示。售票站厅组成及权重如表 3.5 所示。天桥组成及权重如表 3.6 所示。自动扶梯组成及权重如表 3.7 所示。步梯组成及权重如表 3.8 所示。

表 3.3　BRT 站台各组成部分权重

	BRT 站台组成部位	权重 ω
BRT 车站站台	候车站台	0.1
	售票站厅	0.3
	天桥	0.2
	自动扶梯	0.1
	步梯	0.3

注：未检测到的部件，其权重按其余部件的权重进行分配。

表 3.4　候车站台组成及权重

	组成部分	权重 ω	各组成评估要素 i	权重 ω
候车站台	主体结构	0.50	钢箱梁	1.0
	附属结构物	0.25	站台铺装	0.1
			候车区管棚	0.4
			护栏／栏杆／挡板	0.3
			排水设施	0.2
	下穿道	0.25	步梯	0.3
			地砖	0.3
			侧墙	0.4

注：表中候车站台各组成评估要素若有不存在项，将其权重按各要素权重比例分配给其他要素项。

表 3.5　售票站厅组成及权重

组成部分		权重 ω	各组成评估要素 i	权重 ω
售票站厅	主体结构	0.3	钢箱梁	1.0
	附属结构物	0.2	站厅铺装	0.2
			栏杆／维护结构	0.4
			排水设施	0.4
	支承	0.5	支座	0.4
			钢筋砼牛腿	0.6

注：表中售票站厅各组成评估要素若有不存在项，将其权重按各要素权重比例分配给其他要素项。

表 3.6　天桥组成及权重

组成部分		权重 ω	各组成评估要素 i	权重 ω
天桥	桥面系	0.15	天桥铺装	0.4
			护栏及栏杆	0.25
			排水设施	0.35
	上部结构	0.45	钢箱梁	0.6
			人行步梯	0.4
	下部结构（含人行步梯下部结构）	0.4	支座	0.2
			支墩	0.4
			基础	0.4

注：表中天桥各组成评估要素若有不存在项，将其权重按各要素权重比例分配给其他要素项。

表 3.7　自动扶梯组成及权重

	组成部分	权重 ω	各组成评估要素 i	权重 ω
自动扶梯	支承	1.0	牛腿	0.4
			支座	0.15
			支墩	0.25
			梯台	0.2

注：表中自动扶梯各组成评估要素若有不存在项，将其权重按各要素权重比例分配给其他要素项。

表 3.8　步梯组成及权重

	组成部分	权重 ω	各组成评估要素 i	权重 ω
步梯	支承	0.55	牛腿	0.3
			支座	0.25
			支墩	0.35
			梯台	0.1
	步梯主体结构	0.45	纵梁	0.2
			横梁	0.2
			系杆	0.2
			钢制踏步	0.2
			踏步铺装	0.1
			护栏/栏杆/挡板	0.1

注：表中步梯各组成评估要素若有不存在项，将其权重按各评估要素权重比例分配给其他要素项。

3.4 BRT 车站各组成部分技术状况评定

（1）整个车站的技术状况评定

整个车站的技术状况指数根据候车站台、售票站厅、天桥、自动扶梯、步梯的技术状况指数，如表 3.9 所示，由下式计算：

$$BCI = BCI_h \cdot \omega_h + BCI_p \cdot \omega_p + BCI_q \cdot \omega_q + BCI_f \cdot \omega_f + BCI_b \cdot \omega_b \quad （式3.1）$$

式中：ω_h，ω_p，ω_q，ω_f，ω_b——分别为候车站台、售票站厅、天桥、自动扶梯、步梯的权重；

BCI_h，BCI_p，BCI_q，BCI_f，BCI_b——分别为候车站台、售票站厅、天桥、自动扶梯、步梯的技术状况指数。

表 3.9 站台技术状况评估标准

BCI^*	$BCI^* \geq 90$	$90 > BCI^* \geq 80$	$80 > BCI^* \geq 66$	$66 > BCI^* \geq 50$	$BCI^* < 50$
评估等级	A	B	C	D	E

注：BCI^* 表示 BCI、BCI_h、BCI_p、BCI_q、BCI_f、BCI_b。

各站台有下列情况之一时，即可直接评定为不合格站台：

① 候车站台主体结构产生受力裂缝，且宽度超过规范限值。

② 钢结构节点板及连接铆钉、螺栓损坏在 20% 以上，钢箱梁开焊，钢结构主要构件有严重扭曲、变形、开焊，锈蚀削弱截面积在 10% 以上。

③ 墩、台、桩基倾斜、位移、沉降变形危及结构安全。

④ 关键部位混凝土出现压碎或压杆失稳、变形现象。

⑤ 结构永久变形大于设计规范值。

⑥ 支座错位、变形、破损严重，已失去正常支承功能。

⑦ 承载能力下降达 25% 以上（需通过结构验算检测得到）。

⑧ 栏杆或护栏 20% 以上残缺。

⑨ 支承有落梁和脱空趋势或梁、板断裂。

⑩ 其他各种对站台结构安全有较大影响的部件损坏。

（2）候车站台技术状况评定

整个候车站台的技术状况指数根据附属设施和候车站台主体结构的技术状况指数，由下式计算：

$$BCI_h = BCI_{fs} \cdot \omega_{fs} + BCI_{zt} \cdot \omega_{zt} \qquad (式3.2)$$

式中：BCI_{fs}，BCI_{zt}——分别为附属结构物和候车站台主体结构的技术状况指数；

ω_{fs}，ω_{zt}——分别为附属结构物和候车站台主体结构的权重。

① 附属结构物的技术状况采用附属结构物状况指数 BCI_{fs} 表示，根据站台铺装、候车区雨棚、排水设施、护栏及栏杆等要素的损坏扣除分值，按下式计算：

$$BCI_{fs} = \sum_{i=1}^{4} (100 - FDP_i) \cdot \omega_i \qquad (式3.3)$$

$$FDP_i = \sum_j DP_{i,j} \cdot \omega_{i,j} \qquad (式3.4)$$

式中：i——附属结构物的评估要素，即 i 表示候车区雨棚、站台铺装、护栏及栏杆、排水设施等；

$DP_{i,j}$——附属结构物第 i 项要素中第 j 项损坏的扣分值；

$\omega_{i,j}$——附属结构物中第 i 项要素中第 j 项损坏的权重，由式 $\omega = 3.0\mu^3 - 5.0\mu^2 + 3.5\mu$ 计算而得；其中 μ 根据第 j 项损坏的扣分 $DP_{i,j}$ 占附属设施第 i 项要素中所有损坏扣分值的比例（$\mu_{i,j} = \dfrac{DP_{i,j}}{\sum_j DP_{i,j}} \cdot \omega_i$）计算而得；

FDP_i——附属结构物第 i 项要素中损坏的总扣分值；

ω_i——第 i 项要素的权重。

② 候车站台主体结构的技术状况采用主体结构状况指数 BCI_{zt} 表示，根据候车站台主体结构的损坏扣除分值，按下式计算：

$$BCI_{zt} = 100 - TDP_j \qquad (式3.5)$$

$$TDP_j = \sum DP_j \cdot \omega_j \qquad (式3.6)$$

式中：j —— 候车站台主体结构的扣分项；

DP_j —— 候车站台主体结构中第 j 项损坏的扣分值；

ω_j —— 候车站台主体结构中第 j 项损坏的权重，由式 $\omega = 3.0\mu^3 - 5.0\mu^2 + 3.5\mu$ 计算而得，其中 μ 根据第 j 项损坏的扣分 DP_j 占候车站台主体结构中所有损坏扣分值的比例（$\mu_j = \dfrac{DP_j}{\sum\limits_j DP_j}$）计算而得；

TDP_j —— 候车站台主体结构中损坏的总扣分值。

（3）售票站厅技术状况评定

整个售票站厅的技术状况指数 BCI_p 根据附属结构物、站厅主体结构、支承的技术状况指数，由下式计算：

$$BCI_p = BCI_{fs} \cdot \omega_{fs} + BCI_{zt} \cdot \omega_{zt} + BCI_{zc} \cdot \omega_{zc} \quad （式3.7）$$

式中：BCI_{fs}，BCI_{zt}，BCI_{zc} —— 分别为附属结构物、站厅主体结构、支承的技术状况指数；

ω_{fs}，ω_{zt}，ω_{zc} —— 分别为附属结构物、站厅主体结构、支承的权重。

① 附属结构物的技术状况采用附属设施状况指数 BCI_{fs} 表示，根据站厅铺装、排水设施、护栏及栏杆等要素的损坏扣除分值，按下式计算：

$$BCI_{fs} = \sum_{i=1}^{3}（100 - FDP_i）\cdot \omega_i \quad （式3.8）$$

$$FDP_i = \sum_j DP_{ij} \cdot \omega_{ij} \quad （式3.9）$$

式中：i —— 附属结构物的评估要素，即 i 表示站厅铺装、护栏及栏杆、排水设施等；

DP_{ij} —— 附属结构物第 i 项要素中第 j 项损坏的扣分值；

ω_{ij} —— 附属结构物第 i 项要素中第 j 项损坏的权重，由式 $\omega = 3.0\mu^3 - 5.0\mu^2 + 3.5\mu$ 计算而得，其中 μ 根据第 j 项损坏的扣分 DP_{ij} 占附属设施第 i 项要素中所有损坏扣分值的比例（$\mu_{ij} = \dfrac{DP_{ij}}{\sum\limits_j DP_{ij}}$）计算而得；

FDP_i ——附属结构物第 i 项要素中损坏的总扣分值;

ω_i ——附属结构物中第 i 项要素的权重。

② 售票站厅主体结构的技术状况采用主体结构状况指数 BCI_{zt} 表示,根据售票站厅主体结构的损坏扣除分值,按下式计算:

$$BCI_{zt} = \sum (100 - TDP_i) \cdot \omega_i \quad (式3.10)$$

$$TDP_i = \sum DP_i \cdot \omega_i$$

式中:DP_i ——售票站厅主体结构中第 i 项损坏的扣分值;

ω_i ——售票站厅主体结构中第 i 项损坏的权重,由式 $\omega = 3.0\mu^3 - 5.5\mu^2 + 3.5\mu$ 计算而得,其中 μ 根据第 i 项损坏的扣分 DP_i 占售票站厅主体结构中所有损坏扣分值的比例($\mu_i = \dfrac{DP_i}{\sum_i DP_i}$)计算而得;

TDP_i ——售票站厅主体结构中损坏的总扣分值。

③ 售票站厅支承的技术状况采用支承状况指数 BCI_{zt} 表示,根据售票站厅支承的损坏扣除分值,按下式计算:

$$BCI_{zt} = \sum_{i=1}^{x} (100 - ZDP_i) \cdot \omega_i \quad (式3.11)$$

$$ZDP_i = \sum DP_{ij} \cdot \omega_{ij} \quad (式3.12)$$

式中:DP_{ij} ——售票站厅支承中第 i 项要素中第 j 项损坏的扣分值;

X ——要素个数;

ω_{ij} ——售票站厅支承中第 i 项要素中第 j 项损坏的权重,由式 $\omega = 3.0\mu^3 - 5.5\mu^2 + 3.5\mu$ 计算而得,其中 μ 根据第 i 项要素中第 j 项损坏的扣分 DP_{ij} 占售票站厅支承中所有损坏扣分值的比例($\mu_i = \dfrac{DP_{ij}}{\sum_j DP_{ij}}$)计算而得;

ZDP_i——售票站厅主体结构中损坏的总扣分值；

ω_i——售票站厅支承中第 i 项要素的权重。

（4）天桥技术状况评定

整个天桥的技术状况指数根据桥面系、上部结构、下部结构的技术状况指数，由下式计算：

$$BCI_q = \frac{1}{n}\sum_{i=1}^{n} BCI_{dq} \cdot \omega_i \qquad (式3.13)$$

$$BCI_{dq} = BCI_m \cdot \omega_m + BCI_s \cdot \omega_s + BCI_x \cdot \omega_x \qquad (式3.14)$$

式中：BCI_m，BCI_s，BCI_x，BCI_{dq}——分别为桥面系、上部结构、下部结构、单个天桥的技术状况指数；

ω_m，ω_s，ω_x——分别为桥面系、上部结构、下部结构的权重。

① 桥面系的技术状况采用桥面系状况指数 BCI_m 表示，根据桥面铺装、排水系统、栏杆等要素的损坏扣除分值，按下式计算：

$$BCI_m = \sum_{i=1}^{3} (100 - MDP_i) \cdot \omega_i \qquad (式3.15)$$

$$MDP_i = \sum_j DP_{ij} \cdot \omega_{ij}$$

式中：i——桥面系的评估要素，即 i 表示桥面铺装、排水系统、栏杆；

DP_{ij}——桥面系第 i 项要素中第 j 项损坏的扣分值；

ω_{ij}——桥面系第 i 项要素中第 j 项损坏的权重，由式 $\omega = 3.0\mu^3 - 5.5\mu^2 + 3.5\mu$ 计算而得，其中 μ 根据第 j 项损坏的扣分 DP_{ij} 占桥面系第 i 项要素中所有损坏扣分值的比例（$\mu_i = \dfrac{DP_{ij}}{\sum_j DP_{ij}}$）计算而得；

MDP_i——桥面系第 i 要素中损坏的总扣分值；

ω_i——第 i 项要素的权重。

② 桥梁上部结构的技术状况采用上部结构状况指数 BCI_s 表示，可根据桥梁各跨的技术状况指数按下式计算而得：

$$BCI_s = \sum_{i=1}^{2}(100 - SDP_I) \cdot \omega_I \qquad (式3.16)$$

$$SDP_I = \sum_{x} DP_{Ix} \cdot \omega_{Ix} \qquad (式3.17)$$

式中：x ——人行天桥上部结构中构件 I 的损坏类型；

DP_{Ix} ——人行天桥上部结构中构件 I 的损坏类型 x 时的扣分值；

ω_{Ix} ——人行天桥上部结构中构件 I 的损坏类型 x 时的权重，由式 $\omega = 3.0\mu^3 - 5.5\mu^2 + 3.5\mu$ 计算而得，其中 μ 根据第 x 项损坏的扣分 DP_{Ix} 占桥面系第 i 项要素中所有损坏扣分值的比例（$\mu_I = \dfrac{DP_{Ix}}{\sum\limits_{x} DP_{Ix}}$）计算而得；

SDP_I ——构件 I 的综合扣分值；

BCI_s ——桥梁的上部结构技术状况指数。

③ 桥梁下部结构技术状况指数 BCI_x，应按下式计算：

$$BCI_x = \sum (100 - IDP_I) \cdot \omega_I \qquad (式3.18)$$

$$IDP_I = \sum DP_{Iy} \cdot \omega_{Iy} \qquad (式3.19)$$

式中：y ——桥梁下部结构评估要素 I 的损坏类型；

DP_{Iy} ——桥梁下部结构构件中评估要素 I 的损坏类型 y 时的扣分值；

ω_{Iy} ——下部结构中评估要素 I 的损坏类型 y 时的权重，由式 $\omega = 3.0\mu^3 - 5.5\mu^2 + 3.5\mu$ 计算而得，其中 μ 根据第 y 项损坏的扣分 DP_{Iy} 占构件 I 中所有损坏扣分值的比例（$\mu_{i,j} = \dfrac{DP_{\lambda y}}{\sum\limits_{x} DP_{\lambda y}}$）计算而得；

ω_I ——天桥下部结构评估要素 I 的权重。

（5）自动扶梯技术状况评定

① 整个自动扶梯的技术状况指数 BCI_f 根据支承的技术状况指数，由下式计算：

$$BCI_f = \frac{1}{n} \sum_{i=1}^{n} BCI_{zc}) \cdot \omega_i \qquad (式3.20)$$

式中：BCI_{zc} ——自动扶梯支承的技术状况指数；

n ——自动扶梯个数；

BCI_f ——整个自动扶梯的技术状况指数。

② 自动扶梯支承的技术状况采用支承状况指数 BCI_{zc} 表示，根据自动扶梯支承的损坏扣除分值，按下式计算：

$$BCI_{zc} = \sum_{i=1}^{x} (100 - ZDP_i) \cdot \omega_{zc} \qquad (式3.21)$$

$$ZDP_i = \sum DP_{ij} \cdot \omega_{ij} \qquad (式3.22)$$

式中：i ——自动扶梯支承的评估要素，即 i 表示牛腿、支座、支墩、梯台；

DP_{ij} ——自动扶梯支承中第 i 项要素中第 j 项损坏的扣分值；

ω_{ij} ——自动扶梯支承中第 i 项要素中第 j 项损坏的权重，由式 $\omega = 3.0\mu^3 - 5.5\mu^2 + 3.5\mu$ 计算而得，其中 μ 根据第 i 项要素中第 j 项损坏的扣分占自动扶梯中所有损坏扣分 DP_{ij} 值的比例（$\mu_i = \dfrac{DP_{ij}}{\sum DP_{ij}}$）计算而得；

ZDP_i ——自动扶梯支承损坏的总扣分值；

ω_i ——第 i 项要素的权重。

（6）步梯技术状况评定

整个步梯的技术状况指数根据步梯主体结构、支承的技术状况指数，由下式计算：

$$BCI_b = \frac{1}{m}\sum_{l=1}^{m} BCI_l \quad \text{（式3.23）}$$

$$BCI_l = BCI_{bt} \cdot \omega_{bt} + BCI_{zc} \cdot \omega_{zc} \quad \text{（式3.24）}$$

式中：BCI_{bt}，BCI_{zc}，ω_{bt}，ω_z——分别为步梯主体结构、支承、单个步梯、步梯整体的技术状况指数；

ω_{bt}，ω_{zc}——分别为步梯主体结构、支承的权重；

m——步梯数。

① 步梯主体结构的技术状况采用步梯主体结构技术状况指数BCI_{bt}表示，根据步梯主体结构的损坏扣除分值，按下式计算：

$$BCI_{bt} = \sum_{i=1}^{x}(100 - BDP_i) \cdot \omega_i \quad \text{（式3.25）}$$

$$BDP_i = \sum DP_{ij} \cdot \omega_{ij} \quad \text{（式3.26）}$$

式中：i——步梯主体结构的评估要素，i表示主梁、钢护栏或栏杆、踏步、横梁、纵梁、系杆、梁板等；

x——要素个数；

DP_{ij}——步梯主体结构中第i项要素中第j项损坏的扣分值；

ω_{ij}——步梯主体结构中第i项要素中第j项损坏的权重，由式$\omega = 3.0\mu^3 - 5.5\mu^2 + 3.5\mu$计算而得，其中$\mu$根据第$i$项要素中第$j$项损坏的扣分$DP_{ij}$占步梯中所有损坏扣分值的比例（$\mu_i = \frac{DP_{ij}}{\sum DP_{ij}}$）计算而得；

BDP_i——步梯主体结构损坏的总扣分值；

ω_i——步梯主体结构中第i项要素的权重。

② 步梯支承的技术状况采用支承状况指数 BCI_{zc} 表示，根据步梯支承的损坏扣除分值，按下式计算：

$$BCI_{zc} = \sum_{i=1}^{x}（100-ZDP_i）\cdot \omega_i \qquad （式3.27）$$

$$ZDP_i = \sum DP_{ij} \cdot \omega_{ij} \qquad （式3.28）$$

式中：i ——步梯支承的评估要素，即 i 表示支座、支墩、梯台、钢牛腿等；

x ——要素个数；

DP_{ij} ——步梯支承中第 i 项要素中第 j 项损坏的扣分值；

ω_{ij} ——步梯支承中第 i 项要素中第 j 项损坏的权重，由式 $\omega = 3.0\mu^3 - 5.5\mu^2 + 3.5\mu$ 计算而得，其中 μ 根据第 i 项要素中第 j 项损坏的扣分占步梯中所有损坏扣分值的比例（$\mu_i = \dfrac{DP_{ij}}{\sum DP_{ij}}$）计算而得；

ZDP_i ——步梯支承损坏的总扣分值；

ω ——步梯支承中第 i 项要素的权重。

3.5　BRT车站检测标准

（1）候车站台检测标准制定（表3.10）。

表3.10　候车站台检测标准

主要检测内容	检测项目	检测方法	备注	检测频率
候车站台主体结构梁体检查	箱梁裂缝检查 箱梁变形检查 箱梁表面有无空洞、蜂窝、麻面、剥落、露筋，有无渗水现象	目测结合工具	采用路灯车、钢尺、望远镜等工具对检测区间所有主梁进行检测（含裂缝检测）	全数检查
站台铺装检查	铺装是否完好	目测		全数检查
护栏及栏杆检查	栏杆是否松动 栏杆是否变形 栏杆是否缺损 混凝土护栏缺损情况检查（空洞、蜂窝、麻面、剥落、露筋、裂缝等）	目测结合工具	采用钢尺、望远镜等工具对检测区间所有护栏进行检测（含裂缝检查）	全数检查
候车区雨棚检查	管棚涂装层是否完好 管棚是否锈蚀	目测	采用目测的方法检查	全数检查
	杆件的弯曲变形和杆件凹凸变形等情况	目测结合工具	采用目测观察或尺量的方法检查	全数检查
	焊缝检测（锈蚀、开裂情况）	目测结合工具	采用超声波探伤仪检测	全数检查
排水设施检查	泄水管有无堵塞 泄水能力情况 排水设施缺损情况	目测结合工具	采用路灯车、望远镜等工具对检测区间所有排水系统进行检测	全数检查

（2）售票站厅检测标准制定（表 3.11）。

表 3.11　售票站厅检测标准制定

主要检测内容	检测项目	检测方法	备注	检测频率
站厅铺装检查	铺装是否完好	目测		全数检查
护栏及栏杆检查	栏杆是否变形 栏杆是否松动 栏杆是否缺损	目测结合工具	采用钢尺、望远镜等工具对检测区间所有护栏进行检测（含裂缝检查）	全数检查
排水设施检查	泄水管有无堵塞，泄水能力情况 排水设施缺损情况 焊缝检测（锈蚀、开裂情况） 涂装层是否完好	目测结合工具 目测结合工具	采用路灯车、望远镜等工具对检测区间所有排水系统进行检测 采用超声波探伤仪检测焊缝是否开裂	全数检查 全数检查
售票站厅主体结构（钢箱梁）检查	钢箱梁是否锈蚀 钢箱梁是否渗漏	目测结合工具	采用路灯车、望远镜等工具对站厅主体结构进行检查	全数检查
支座检查	部件损坏 位移、转角 部件磨损、开裂	外观检查	采用路灯车对检测区间所有支座进行检测	全数检查
牛腿检查	牛腿表面缺损检查	外观检查	采用路灯车对检测区间所有牛腿进行检测	全数检查

(3) 天桥检测标准制定（表 3.12）。

表 3.12　天桥检测标准制定

主要检测内容	检测项目	检测方法	备注	检测频率
天桥铺装检查	铺装是否完好	目测		全数检查
天桥护栏及栏杆检查	栏杆是否变形 栏杆是否松动 栏杆是否缺损 混凝土护栏缺损情况检查	目测结合工具	采用钢尺、望远镜等工具对检测区间所有护栏进行检测（含裂缝检查）	全数检查
天桥排水设施检查	泄水管有无堵塞 泄水能力情况 排水设施缺损情况	目测结合工具	采用路灯车、望远镜等工具对检测区间所有防排水系统进行检测	全数检查
天桥上部结构（钢箱梁）检查	焊缝检测（锈蚀、开裂情况）	目测结合工具	采用超声波探伤仪检测焊缝是否开裂	全数检查
	涂装层是否完好 钢箱梁是否锈蚀 钢箱梁是否渗漏	目测结合工具	采用路灯车、望远镜等工具对站厅主体结构进行检查	全数检查
支座检查	部件损坏	外观检查	采用路灯车对检测区间所有支座进行检测	全数检查
	位移、转角 部件磨损、开裂 涂装层是否完好	外观检查	采用路灯车对检测区间所有支座进行检测	全数检查
	支墩钢管表面锈蚀情况	目测检测		全数检查
支墩检查	支墩钢管混凝土脱空情况检查	目测结合工具	人工敲击法/超声波检测法	全数检查
	支墩位置检查		采用垂线检查	
基础检测	基础缺损检查 基础移动检查	目测		全数检查

（4）自动扶梯检测标准制定（表3.13）

表3.13 自动扶梯检测标准

主要检测内容	检测项目	检测方法	备注	检测频率
支座检查	部件损坏 位移、转角 部件磨损、开裂 牛腿安装是否正确	外观检查	采用路灯车对检测区间所有支座进行检测	全数检查
牛腿检查	牛腿是否锈蚀 牛腿螺栓是否松动、锈蚀 牛腿涂装是否完好	目测结合工具	采用路灯车对检测区间所有牛腿进行检测	全数检查
支墩检查	涂装层是否完好	目测检测		全数检查
	支墩钢管表面锈蚀情况 支墩钢管混凝土脱空情况检查 支墩位置检查	目测结合工具	人工敲击法/超声波检测法 采用垂线检查	全数检查
梯台检查	梯台混凝土缺损情况检查（锈胀露筋、孔洞、麻面、砼剥落等） 裂缝检查	目测结合工具	采用钢尺等工具对检测区间所有梯台进行检测（含裂缝检测）	全数检查

(5) 步梯检测标准制定（表3.14）

表3.14 步梯检测标准

主要检测内容	检测项目	检测方法	备注	检测频率
一层步梯主体结构（主梁）检查	涂装是否完好 梁体是否锈蚀 梁体是否渗漏 梁体变形检查	目测结合工具	采用支架、望远镜等工具对步梯主体结构梁体进行检测	全数检查
护栏/栏杆/挡板检查	栏杆是否变形 栏杆是否松动 栏杆是否缺损 护栏缺损情况检查	目测结合工具	采用钢尺、望远镜等工具对检测区间所有护栏进行检测（含裂缝检查）	全数检查
踏步检查	步梯踏步是否完好 部件损坏	目测		全数检查
支座	位移、转角 部件磨损、开裂	外观检查	采用路灯车对检测区间所有支座进行检测	全数检查
支墩检查	涂装层是否完好 支墩钢管表面锈蚀情况 支墩钢管混凝土脱空情况检查 支墩位置检查	目测结合工具	人工敲击法/超声波检测法 采用垂线法	全数检查
梯台检查	梯台混凝土缺损情况检查（锈胀露筋、孔洞、麻面、砼剥落等） 裂缝检查	目测结合工具	采用钢尺等工具对检测区间所有梯台进行检测（含裂缝检测）	全数检查
二层步梯主体结构检查（包含纵梁、横梁、系杆、梁板、钢护栏扶手）	涂装层是否完好 螺栓、铆钉损失检查 是否存在锈蚀	目测结合工具	采用路灯车、支架、望远镜等工具对步梯主体结构进行检测	全数检查
钢牛腿检查	牛腿安装是否正确 牛腿螺栓缺损 牛腿是否锈蚀 牛腿涂装是否完好	目测结合工具	采用路灯车、支架、望远镜等工具对步梯主体结构进行检测	全数检查

4 BRT 结构物常见病害

随着区段桥梁、隧道与车站、站台使用年限的增长，同时受到多变的气候、腐蚀环境等因素的影响，以及长期在恒、活载及特殊荷载（地震、台风、车撞等）作用下遭受的损伤，加之既有结构设计与施工中存在的不足，导致区段桥梁、隧道与车站、站台结构或构件发生不同程度的自然累积损伤和突然损伤，其强度和刚度会随着时间而降低，结构的性能会逐步劣化，从而危及车站的安全性。本章节主要对 BRT 多年巡检与检测中所遇到的结构物病害进行梳理与汇总，并做针对性的分析，相关研究成果可供国内同类型结构物巡检与养护参考。

4.1 陆上桥梁结构常见病害

4.1.1 桥面系

（1）桥面铺装层常见病害

主要存在有坑槽、横向裂缝、网状裂缝、拥包、车辙、磨损、减速带破损等病害（图4.1—图4.6）。

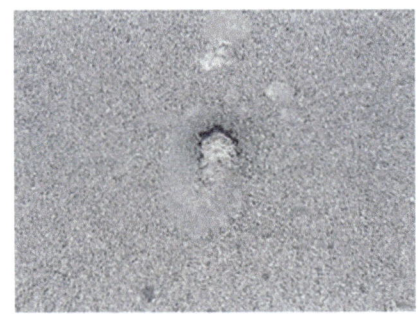

图 4.1 桥面铺装层坑槽

图 4.2 桥面铺装层拥包

图 4.3 桥面铺装层网状裂缝

图 4.4 桥面铺装层车辙

图 4.5 桥面铺装层磨损

图 4.6 桥面铺装层减速带破损

（2）伸缩缝常见病害

伸缩缝常见病害主要有梳齿型钢板局部锈蚀、梳齿型钢板松动、锚固区裂缝和碎边、缝内沉积物阻塞、伸缩缝螺栓锈蚀和松动、生物病害等（图4.7—图4.10）。

图4.7　梳齿型钢板局部锈蚀

图4.8　缝内沉积物阻塞

图4.9　伸缩缝螺栓锈蚀和松动

图4.10　锚固区裂缝和碎边

（3）排水系统常见病害

区间桥梁排水系统常见病害主要有桥面漏水箅处泄水孔堵塞、漏水箅处积水，漏水箅松动、缺失、局部锈蚀，泄水管脱落、破损等（图4.11—图4.14）。

图 4.11　漏水箅局部锈蚀、泄水孔堵塞

图 4.12　泄水管脱落

图 4.13　泄水管破损

图 4.14　桥面漏水箅处泄水孔堵塞、长青苔

（4）护栏常见病害

护栏常见病害主要有裂缝，锈胀露筋，螺栓锈蚀、缺失，扶手松动错位、锈蚀，伸缩缝处钢板锈蚀，涂层剥落、掉角、空洞、龟裂等（图4.15—图4.20）。

图4.15　混凝土护栏竖向开裂

图4.16　护栏螺栓轻微锈蚀

图4.17　伸缩缝处钢板锈蚀

图4.18　护栏涂层龟裂

图4.19　混凝土护栏锈胀露筋

图4.20　钢护栏部分轻微锈蚀

（5）附属设施常见病害

照明设施常见病害：照明设施锈蚀、缺损，出线孔钢板松动、缺失、锈蚀等（图4.21—图4.23）。

声屏障常见病害：螺栓锈蚀、未拧紧、缺失，声屏障无法关闭，钢构件锈蚀等（图4.24—图4.26）。

图 4.21　照明设施锈蚀

图 4.22　照明设施缺损

图 4.23　出线钢板松动、锈蚀

图 4.24　声屏障螺栓锈蚀、未拧紧

图 4.25　声屏障无法关闭

图 4.26 声屏障钢构件轻微锈蚀

标志牌常见病害：底座锈蚀，螺栓锈蚀，转角镜缺失，反光标识失效等（图 4.27—图 4.30）。

图 4.27 限速牌底座螺栓锈蚀　　图 4.28 指示牌底座螺栓锈蚀

图 4.29 转角镜缺失　　图 4.30 反光标识失效

其他附属设施病害：配电箱出线孔钢板缺失，防抛网局部变形锈蚀等（图4.31、图4.32）。

图4.31 配电箱出线孔钢板缺失

图4.32 防抛网局部变形锈蚀

4.1.2 上部结构

（1）主梁常见病害：主要有纵向、横向、斜向裂缝，表面泛碱、网裂，空洞，混凝土剥落、不密实、局部露筋锈蚀、锈胀露筋，涂装局部损坏，涂装被熏黑，钢箱梁局部锈蚀（图4.33—图4.46）。

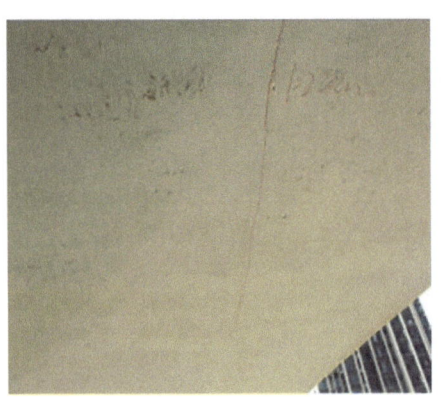
图4.33 主梁底板出现纵向裂缝

图4.34 主梁底板出现横向裂缝

图 4.35　主梁底板局部网裂

图 4.36　主梁底板局部泛碱

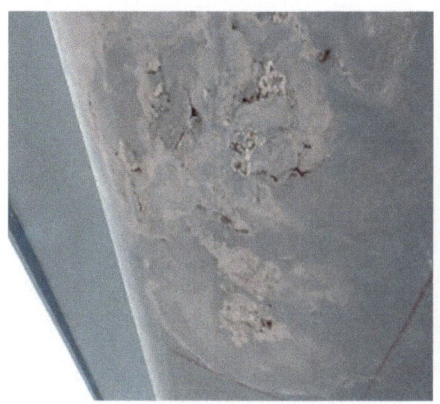
图 4.37　主梁混凝土剥落，局部泛碱

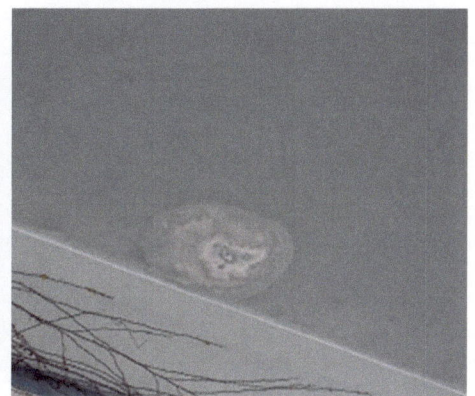
图 4.38　主梁底板表面泛碱

图 4.39　主梁底板混凝土不密实

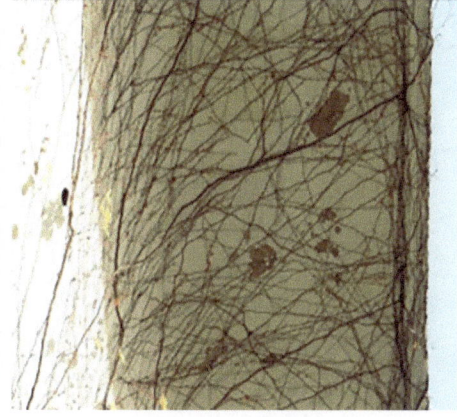
图 4.40　涂装局部损坏、生物病害

图 4.41　主梁梁体涂装损坏

图 4.42　主梁腹板混凝土剥落，外露钢筋锈蚀

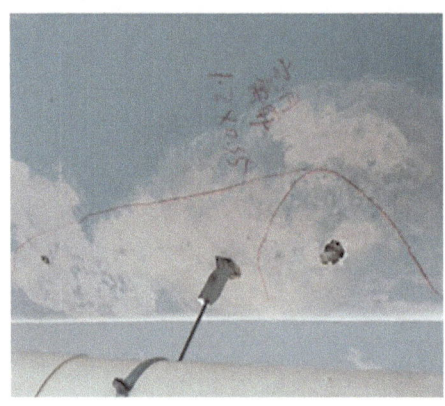

图 4.43　主梁底板出现空洞

图 4.44　主梁底板出现空洞，钢筋、波纹管出现裸露，钢筋发生锈蚀

图 4.45　钢箱梁梁体局部锈蚀

图 4.46　主梁涂装大面积被熏黑

（2）防落梁装置常见病害：局部涂装损坏，模板未拆除，局部混凝土剥落，挡块不密实、露筋等（图4.47—图4.50）。

图4.47　防落梁挡块局部涂装损坏

图4.48　防落梁挡块模板未拆除

图4.49　防落梁挡块局部混凝土剥落

图4.50　防落梁挡块不密实、露筋

4.1.3 下部结构

(1)桥墩常见病害：涂装损坏，混凝土露筋锈蚀、剥落、不密实、裂缝，墩顶、台顶建筑垃圾堆积，墩身出现广告垃圾等（图4.51—图4.57）。

图 4.51 台顶建筑垃圾堆积

图 4.52 墩顶建筑垃圾堆积

图 4.53 墩身局部涂装损坏

图 4.54 墩身露筋锈蚀、局部涂装损坏

图 4.55　墩身顶部出现水平裂缝　　　　图 4.56　墩身顶部出现竖向裂缝

图 4.57　墩身局部涂装损坏、墩身出现广告垃圾

（2）支座常见病害：钢制组件锈蚀，锚固螺栓未拧紧、锈蚀，支座垫石破损，支座表面局部油污，锚固螺栓缺失，支座密封圈鼓起，支座组件与垫石局部脱空，支座组件与梁体未密贴，支座连接件未拆除，防尘罩局部损坏（图4.58—图4.67）。

图4.58 梁底预埋钢板、顶板、中间钢板及锚固螺栓锈蚀

图4.59 支座表面油污，锚固螺栓锈蚀

图4.60 支座中间钢板、锚固螺栓锈蚀，锚固螺栓未拧紧

图4.61 钢盆、锚固螺栓严重锈蚀，密封圈鼓起，连接件未割断

图 4.62 中间钢板锈蚀、密封圈鼓起

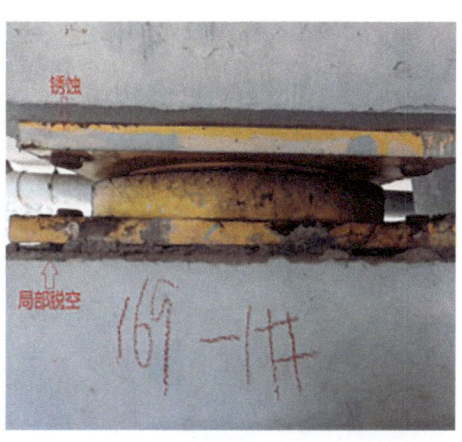

图 4.63 支座梁底预埋钢板、顶板轻微锈蚀，锚固螺栓锈蚀，与垫石局部脱空

图 4.64 支座锚固螺栓轻微锈蚀，支座垫石破损

图 4.65 支座组件锈蚀，支座组件与垫石局部脱空

图 4.66 支座顶板、锚固螺栓轻微锈蚀，支座组件与梁体局部未密贴

图 4.67 支座垫石局部破损、露筋

4.2 站台结构常见病害

4.2.1 候车站台

(1) 主体结构常见病害

主体结构常见病害包括候车区管棚檩条、钢柱、钢梁局部锈蚀（图4.68—图4.71）。

图 4.68 檩条局部锈蚀

图 4.69 钢柱局部轻微锈蚀

图 4.70 檩条与钢梁连接处锈蚀

图 4.71 钢梁顶部局部轻微锈蚀

（2）附属结构

站台铺装：地砖开裂，钢梁混凝土底座地砖破损、开裂、缺角、松动，混凝土底座露筋锈蚀、裂缝、涂装损坏等（图4.72—图4.77）。

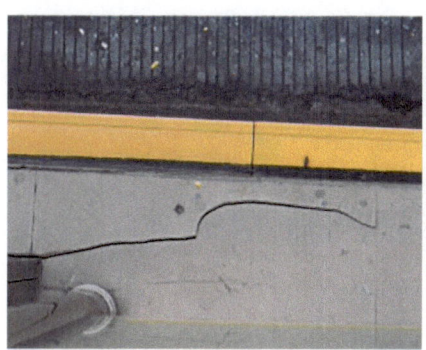

图4.72　地砖开裂

图4.73　钢梁底座地砖缺角

图4.74　混凝土底座地砖缺失

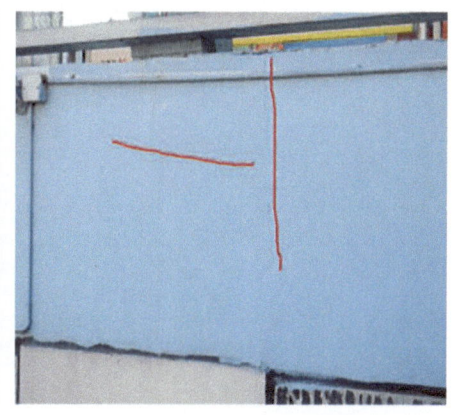

图4.75　混凝土底座竖向裂缝、横向裂缝

图4.76　混凝土底座涂装损坏

图4.77　混凝土底座露筋锈蚀

栏杆／挡板：局部变形，锈蚀，松动（图4.78）。

图4.78 栏杆局部变形

排水设施：排水管道局部锈蚀、破损（图4.79、图4.80）。

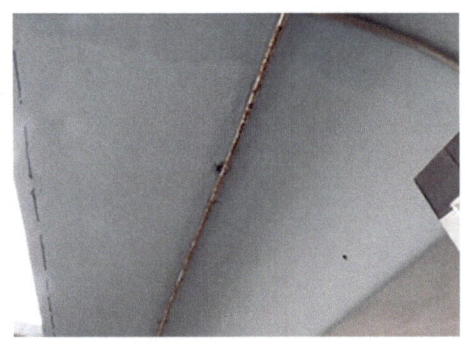 

图4.79 排水管道局部锈蚀　　　　　图4.80 排水管道局部破损

4.2.2 售票站厅

（1）主体结构

售票站厅主体结构钢箱梁与下行天桥连接处、上下行步梯连接处渗水，下行步梯连接处渗水、局部出现锈蚀（图 4.81、图 4.82）。

图 4.81 连接处锈蚀

图 4.82 连接处渗水

（2）附属结构

站厅铺装：地砖破损、开裂（图 4.83、图 4.84）。

图 4.83 地砖破损

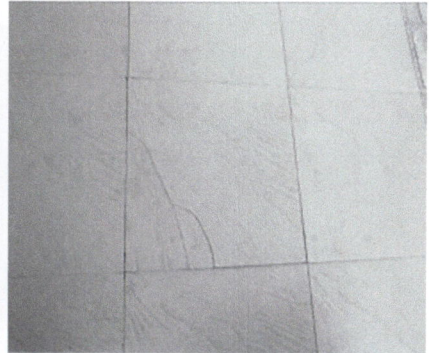

图 4.84 地砖开裂

排水设施：排水设施与上下行天桥、下行步梯连接处排水槽阻塞、排水管道局部锈蚀（图4.85、图4.86）。

 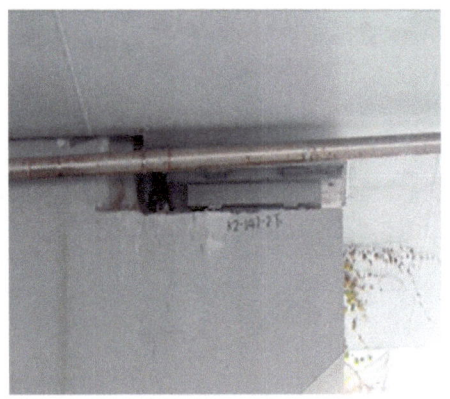

图4.85　连接处排水槽阻塞　　　　　图4.86　排水管道局部锈蚀

（3）支撑结构

支座：梁底预埋钢板锈蚀，支座顶板锈蚀，支座钢盆锈蚀，支座球形钢衬板锈蚀，支座锚固螺栓锈蚀，支座表面局部油污，支座组件与垫石局部脱空，连接件未拆除，锚固螺栓缺失，支座螺栓与顶板卡死，支座两侧导向块向外倾斜、局部脱焊，垫石破碎、钢筋裸露、开裂（图4.87—图4.92）。

钢筋混凝土牛腿：网裂，局部涂装损坏（图4.93）。

图4.87　支座梁底预埋钢板、顶板及锚固螺　图4.88　支座锚固螺栓与顶板卡死
　　　　栓锈蚀

图 4.89 垫石破碎、钢筋裸露

图 4.90 支座两侧导向块向外倾斜、局部脱焊

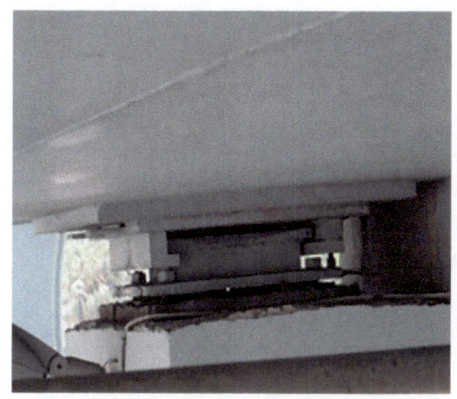
图 4.91 支座组件与垫石局部脱空

图 4.92 垫石破损

图 4.93 网裂、局部涂装损坏

4.2.3 天桥

（1）桥面系

天桥铺装：地砖开裂、缺角、破损，砂浆缺失，踏面地砖缺角、开裂，踢面地砖开裂（图 4.94—图 4.97）。

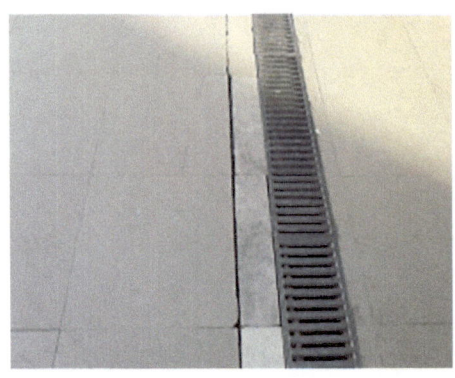

图 4.94　地砖开裂、地砖砂浆缺失

图 4.95　踏面地砖缺角

图 4.96　踏面地砖开裂

图 4.97　踢面地砖开裂

护栏及栏杆：局部变形、锈蚀，栏杆底座地砖破损、开裂、缺失（图4.98—图4.100）。

排水设施：局部积水（图4.101）。

伸缩装置：上下行天桥伸缩缝止水带局部出现破损、老化现象（图4.102）。

图4.98　栏杆底座地砖缺失

图4.99　局部锈蚀、变形

图4.100　栏杆底座地砖开裂

图4.101　桥面铺装局部积水

图4.102　止水带局部出现破损、老化

（2）上部结构

主梁：钢箱梁局部油漆剥落、局部锈蚀，上下行天桥支座处局部锈蚀，牛腿处锈蚀严重，封口板处锈蚀、有刮痕，封口板处渗水；两侧天桥、人行步梯渗水；防落梁挡块均出现局部锈蚀，防落梁挡块局部油漆剥落、与支墩密贴、锈蚀等；人行步梯与天桥搭接处锈蚀，步梯钢箱梁局部油漆剥落、锈蚀、焊缝开裂（图4.103—图4.108）。

图4.103 支座处钢箱梁、防落梁挡块局部锈蚀

图4.104 局部油漆剥落、锈蚀，渗水

图4.105 防落梁挡块局部油漆剥落、锈蚀

图4.106 封口板锈蚀、渗水

图4.107 支座处钢箱梁局部锈蚀

图4.108 锈蚀严重（牛腿处）

（3）下部结构

支座：支座完全脱空、局部脱空，支座与梁底局部未密贴，支座锈蚀，支座钢垫板锈蚀，支座橡胶块出现偏移，支座橡胶块缺失（图4.109—图4.113）。

图4.109　支座钢垫板锈蚀

图4.110　支座橡胶块缺失

图4.111　支座钢垫板锈蚀严重，橡胶块偏移

图4.112　支座与梁底局部未密贴

图4.113　支座钢垫板锈蚀严重、完全脱空

支墩、梯台：支墩局部油漆剥落，支墩局部锈蚀，支墩局部刮擦痕迹，支墩墩身有广告垃圾，梯道台开裂、局部涂装损坏，梯道台混凝土剥落（图4.114—图4.117）。

基础：上行天桥步梯周围地坪下沉，梯道台开裂、基础下沉（图4.118、图4.119）。

图4.114　支墩局部油漆剥落

图4.115　支墩局部锈蚀

图4.116　梯道台局部开裂、涂装损坏

图4.117　梯道台混凝土剥落

图 4.118　上行天桥步梯周围地坪下沉　　　图 4.119　梯道台开裂、基础下沉

4.2.4　自动扶梯

梯台：地砖缺角，栏杆局部变形，露筋锈蚀（图 4.120、图 4.121）。

图 4.120　梯台露筋锈蚀　　　　　　　　　图 4.121　栏杆局部变形

4.3 机场隧道常见病害

4.3.1 衬砌

衬砌常见病害主要有拱顶、拱腰防火涂装剥落，拱顶泛碱（图4.122—图4.124）。

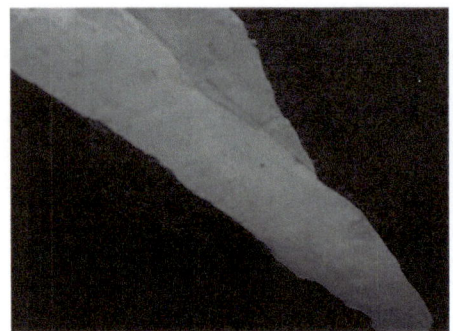
图 4.122 拱顶防火涂装剥落

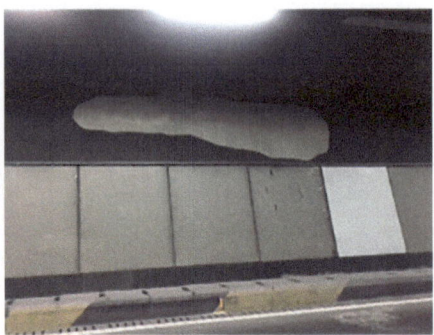
图 4.123 拱腰防火涂装剥落

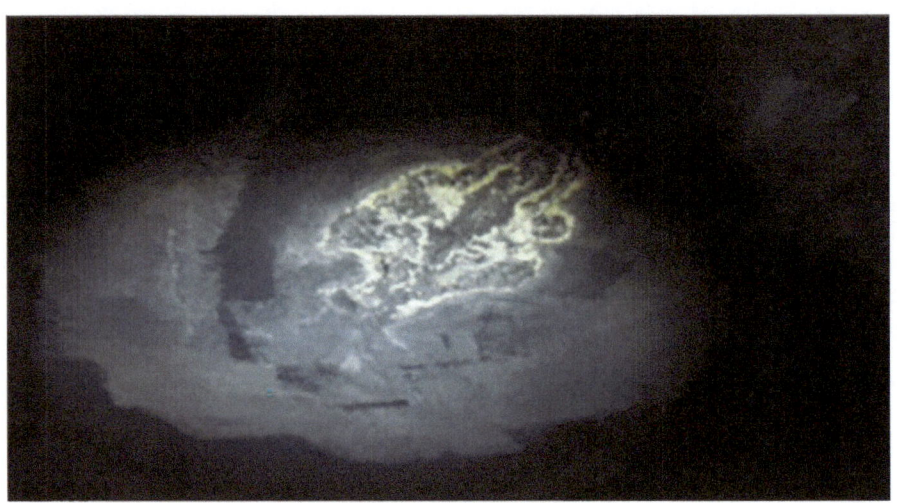
图 4.124 拱顶泛碱

4.3.2 路面

路面常见病害主要有坑槽、开裂、刮痕、渗水、鼓包、车辙等（图4.125、图4.126）。

图 4.125　路面开裂

图 4.126　路面车辙

4.3.3 排水系统

排水系统常见病害主要有：雨箅子拱起、截水沟下陷等（图4.127、图4.128）。

图 4.127　雨箅子拱起

图 4.128　截水沟下陷

4.3.4　防火板材

防火板材存在老旧污秽、破损、裂纹、翘曲变形、缺失情况（图 4.129—图 4.132）。

图 4.129　防火板材老旧污秽　　　　图 4.130　防火板材破损

图 4.131 防火板材缺失

图 4.132 防火板材翘曲变形

4.3.5 附属设施

（1）照明灯损坏、缺失（图 4.133）。

（2）配电柜玻璃门损坏无法锁住（图 4.134）。

图 4.133 照明灯具损坏

图 4.134 配电柜玻璃门损坏无法锁住

（3）消火栓饰面老化，消火栓箱面门变形（4.135）。

（4）防火逃生门老化变形、破损（图4.136）。

图4.135 消火栓饰面老化，消火栓箱面门变形

图4.136 防火逃生门老化变形、破损

（5）检修道开裂、破损，侧壁露筋，侧壁刮痕（图4.137—图4.139）。

图4.137 检修道开裂、破损

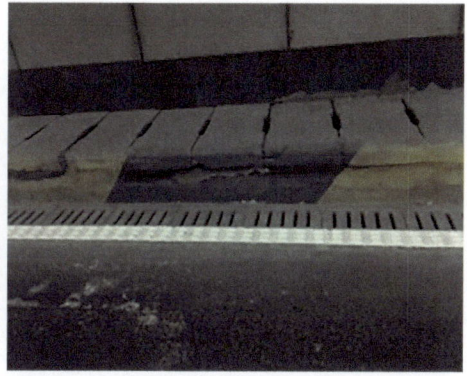

图4.138 检修道侧壁露筋

图4.139 检修道侧壁刮痕

4.4 海上桥梁常见病害

4.4.1 桥面系

（1）桥面铺装常见病害

桥面铺装常见病害主要有沥青混凝土铺装层鼓包、破损、车辙、空洞等（图4.140—图4.143）。

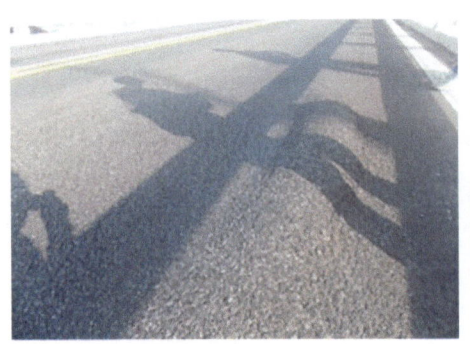

图4.140 沥青混凝土铺装层鼓包

图4.141 沥青混凝土铺装层空洞

图4.142 沥青混凝土铺装层破损

图4.143 沥青混凝土铺装层车辙

（2）伸缩缝常见病害有止水带开裂严重，缝内沉积物堵塞（图4.144、图4.145）。

图4.144　止水带开裂严重

图4.145　缝内沉积物堵塞

4.4.2　上部结构

（1）主梁

主梁箱外常见病害主要有底板裂缝、混凝土剥落、底板露筋、表面涂装剥落、泛碱、蜂窝麻面等（图4.146—图4.149）。

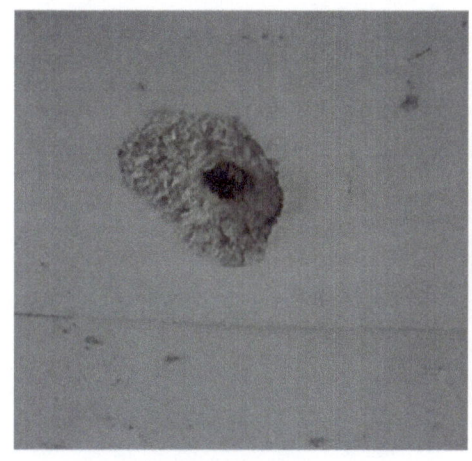

图4.146　主梁箱外混凝土剥落

图4.147　主梁箱外底板露筋

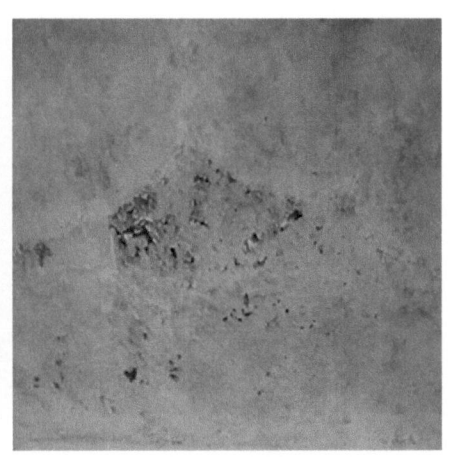

图 4.148　主梁箱外底板纵向裂缝　　　　图 4.149　主梁箱外左腹板蜂窝麻面

主梁箱内常见病害主要有裂缝、泛碱、蜂窝麻面、混凝土剥落、露筋、孔洞、渗水等（图 4.150—图 4.154）。

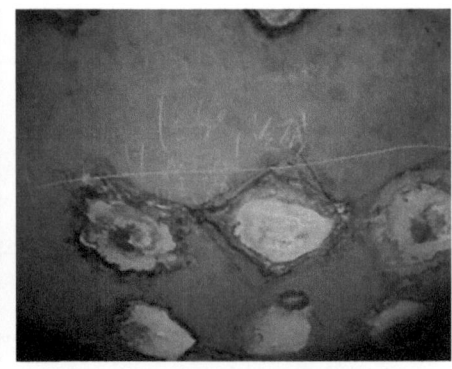

图 4.150　主梁箱内顶板纵向裂缝　　　　图 4.151　主梁箱内顶板纵向裂缝泛碱

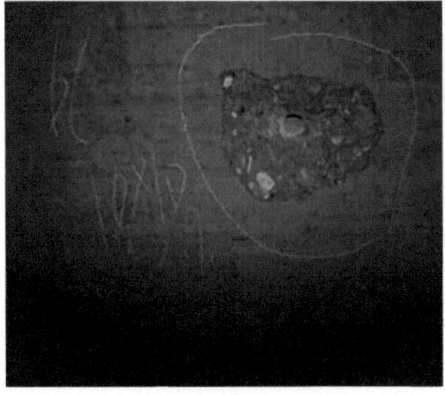

图 4.152　主梁箱内顶板混凝土剥落　　　图 4.153　主梁箱内顶板蜂窝麻面

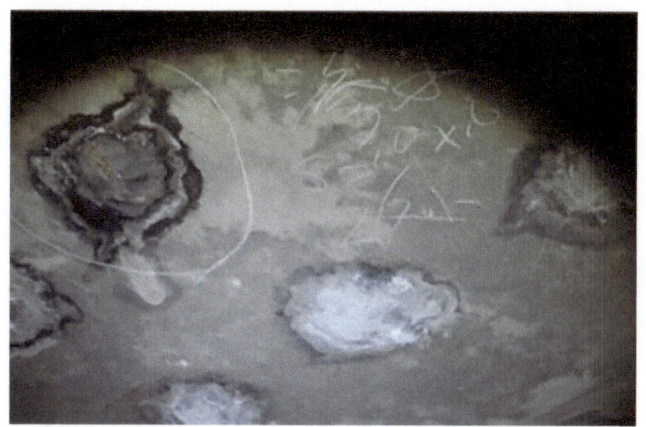

图 4.154 主梁箱内渗水

4.4.3 下部结构

（1）墩身常见病害主要有涂层破损，混凝土裂缝，混凝土剥落、露筋等；墩顶常见病害主要有网裂，破损等（图 4.155—图 4.158）。

图 4.155 墩身混凝土剥落、露筋

图 4.156 墩身混凝土竖向裂缝

图 4.157　墩顶混凝土网裂　　　　　　图 4.158　墩顶混凝土破损

（2）支座常见病害主要有限位钢条未剪断，支座组件锈蚀，螺栓松动，梁体预埋钢板锈蚀，支座垫石破损、露筋，支座与梁体连接处渗水等（图4.159—图4.163）。

图 4.159　支座限位钢条未剪断　　　　图 4.160　支座与梁体连接处渗水

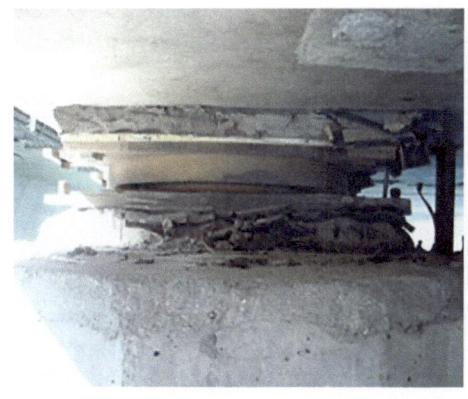

图 4.161　支座垫石破损　　　　　图 4.162　支座垫石露筋

图 4.163　支座螺栓松动

4.4.4 体外预应力索

体外预应力索常见病害主要有索体变形、漏油、PE 护套刮痕等（图 4.164—图 4.166）。

图 4.164 体外预应力索体变形

图 4.165 体外预应力索漏油

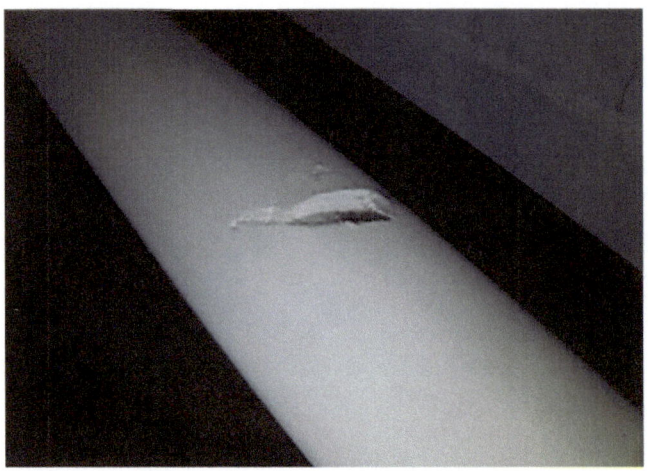

图 4.166 体外预应力索 PE 护套刮痕

5 BRT 结构物病害处置措施

本章节主要对上一章节中 BRT 结构物常见病害采取的主要养护处置措施，将 BRT 结构物专项养护与维修技术、工艺进行梳理与汇总，并做针对性的分析，相关研究成果可供国内同类型结构物维修与养护者参考。

5.1 构件钢筋、钢板防锈处理工艺

（1）混凝土破损区域的清理

混凝土破损区域包括蜂窝麻面、松散、空洞、破碎、剥落等损伤部位及钢筋外露区域。采用人工凿除或高速射水法将松散、污损的部分清除，露出坚硬密实的部分，并保证部位无油污、油脂、蜡状物、灰尘以及附着物等影响修补效果的物质。

（2）钢筋、钢板锈蚀区域的清理

应对外露钢筋或钢板表面的氧化层用钢刷予以清除，使之露出光洁部分。

对由钢筋锈蚀探查确定的钢筋锈蚀区域混凝土表面进行清洁处理，保证表面无油污、油脂、蜡状物等影响渗透的物质。

（3）钢筋、钢板防锈、阻锈处理（锈蚀区域清理完成后进行）

采用烷氧基类或氨基类喷涂型阻锈剂对钢筋、钢板进行防锈、阻锈处理，阻锈剂的质量和性能指标应符合《混凝土结构加固设计规范》（GB 50367—2013）的规定。

（4）注意事项

对外露的钢筋涂刷钢筋保护剂，该保护剂应可以直接涂刷于钢筋表面，可以分层使用，每层厚度 1～2 mm。

钢筋保护剂属化学产品，施工过程中需采取必要的防护措施。

钢筋保护剂建议使用量：$2 \sim 4 \, \text{kg/m}^2$。

钢筋锈蚀区域采用防锈浸渍剂，用刷子、滚刷或喷于锈蚀区域表面，直至浸透，涂刷 $3 \sim 5$ 层。

多功能阻锈剂有很强的渗透性，因此施工时需佩戴手套及口罩并适当采取保护措施，严禁与皮肤直接接触。在水平结构底面施工时，请注意一定不能接触到身体任何部位的皮肤，如已滴落到皮肤表面或眼睛，请立即用清水冲洗并及时就医。

防锈浸渍剂建议使用量：$0.3 \sim 0.5 \, \text{kg/m}^2$。

5.2 裂缝处理工艺

5.2.1 表面封闭

（1）混凝土裂缝封闭施工流程

混凝土裂缝封闭施工流程：裂缝调查及标注—裂缝缝口表面处理—裂缝封闭处理。

（2）混凝土裂缝封闭施工工艺

① 裂缝核实：施工前复核裂缝调查，除记录数量、长度、宽度、分布位置外，还应对裂缝编号，做好记录，绘制裂缝分布图。

② 裂缝缝口表面处理：应使工作面平顺、干燥、无油污。处理范围沿裂缝走向宽度 $30 \sim 50 \, \text{mm}$。清理工具采用手持电动砂轮打磨或钢丝刷、金属砂纸等。

③ 裂缝封闭处理：采用表面封闭法处理裂缝时，应在缝口表面处理后，涂刷结构修补胶黏剂进行封闭处理。

5.2.2 混凝土裂缝注胶施工

（1）混凝土裂缝注胶施工流程

混凝土裂缝注胶施工流程：裂缝表面处理—粘贴注浆嘴和出浆嘴—裂缝封闭—密封检查—压力灌浆。

（2）混凝土裂缝注胶施工工艺

① 裂缝调查

全面查清裂缝的性质以及裂缝的长度、宽度、深度、走向、贯穿及漏水情况，并对裂缝编号，做好记录，绘制裂缝分布图。

② 裂缝处理

用手持电动砂轮打磨或钢丝刷等工具清除混凝土裂缝表面的浮渣及松散层等污物；刷去浮灰，用棉纱布或丙酮、酒精沿缝两侧 30～50 mm 范围擦拭、清洗，不得有油污、砂粒及浮浆等污垢、杂质。

③ 设置灌胶嘴

在裂缝的交错处、裂缝较宽处及裂缝端部必须设置灌浆嘴，灌浆嘴的间距根据裂缝大小、走向及结构形式而定，注胶嘴间距视缝宽度，一般沿裂缝长度为 200～400 mm 设置一个。在一条裂缝上必须设置有进胶、排气或出胶口。封闭及灌胶嘴周围必要时应先用丙酮洗净，灌胶嘴底盘周围均匀地抹上 1～2 mm 厚裂缝封闭胶泥，并与孔眼对准贴于裂缝上，注意粘贴牢固，且不得堵嘴、堵缝。

④ 封缝

裂缝封闭时使用专用的裂缝封闭胶，按材料产品使用说明书推荐的配胶比例称取并调配封闭胶泥，用油灰刀沿裂缝往复、均匀涂刮一层厚约 1～2 mm、宽 20～30 mm 的胶泥，注意防止小气泡及密封不严。

⑤ 配制灌胶液

配制灌胶液前应将 A、B 两组分充分摇匀，根据估计的灌胶量按推荐配胶比例准确称量两组分并混合均匀。从胶液混合开始，注胶操作应在胶液适用期内完成（25℃时约为 90 min）。

⑥ 压力注胶

注胶操作应使用专用的注胶器具。在一条立面裂缝上的注胶顺序为由下而上，水平裂缝由一端到另一端进行。修补裂缝应根据胶液流动性选择注浆压力，一般为 0.1～0.4 MPa。在保证注胶顺畅的情况下，采用较低的注胶压力、较长的注胶时间，可获得更好的注胶效果。当最后一个出胶口出胶且出胶速率保持稳定后，再保持压注 3～5 min 即可停止注胶，并注意防止流胶。

⑦ 胶液固化

灌缝胶应在 5℃以上的环境中固化，固化时间视环境温度而定。一般情况（25℃）下固化 12 h 即可，胶液固化后即拆除注胶嘴，并用裂缝封闭胶封闭裂缝。

5.2.3 裂缝修复处理相关图片

裂缝修复处理相关图片如图 5.1—图 5.4 所示。

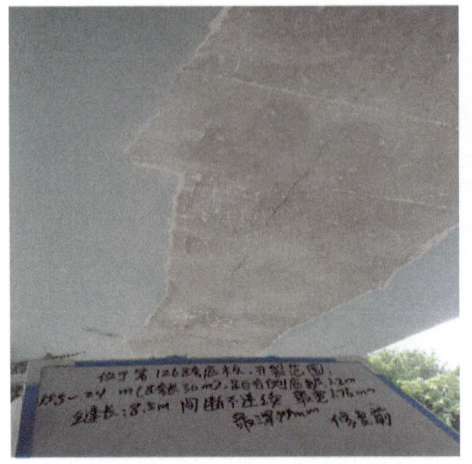
图 5.1　修复前

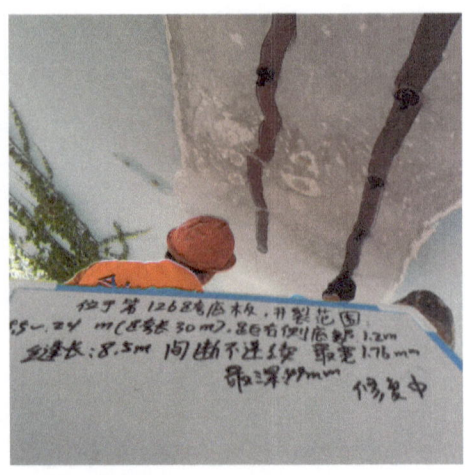
图 5.2　修复中（1）

图 5.3　修复中（2）

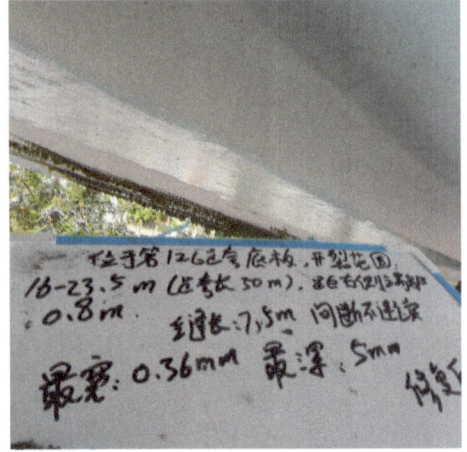
图 5.4　修复后

5.3 混凝土掉块、露筋等缺陷修复工艺

5.3.1 工艺流程

混凝土掉块、露筋等缺陷修复工艺流程包括：

（1）疏松混凝土需凿除，并用钢丝刷清除混凝土面上的浮渣、浮灰。

（2）用毛刷均匀地在混凝土表面涂刷界面剂，以增强旧混凝土和聚合物砂浆之间的黏合力。

（3）将已经配制好的聚合物砂浆在其固化前及时对破损和凿除的混凝土基面进行修补，以达到其原结构尺寸或设计要求。

（4）聚合物砂浆拌和用水量为12%～15%，每次压抹的厚度应满足施工规范要求（不超过1 cm），灰浆不得自然垂落，当压抹厚度达到尺寸要求时应及时做好压抹收光，构件阳角应顺直。

（5）在聚合物砂浆修补完成之后的24 h内，不能对修补砂浆进行扰动，应保证良好的养护条件。

5.3.2 施工注意事项

（1）聚合物砂浆的使用一定要严格按照说明书的配合比搅拌，拌和量每次不宜太多，必须在有效的操作时间内使用。

（2）禁止在日平均气温45℃以上或日平均气温5℃以下的地方施工，如需施工，须有必要的保证措施。

（3）聚合物砂浆材料的保管应注意防水、防冻、阳光照射及雨淋。

（4）根据聚合物砂浆的使用量和施工要求的厚度，须保证压抹后的聚合物砂浆在20～240 min内维持湿润状态，已施工的砂浆在固化前须防止冻结、雨淋、水浸等。

（5）聚合物砂浆压抹较厚时，应采取分层多次抹灰，每次不超过1 cm。

5.3.3 修复工艺相关图片

修复工艺相关图片如图5.5—图5.8所示。

图 5.5 修复前

图 5.6 修复中（1）

图 5.7 修复中（2）

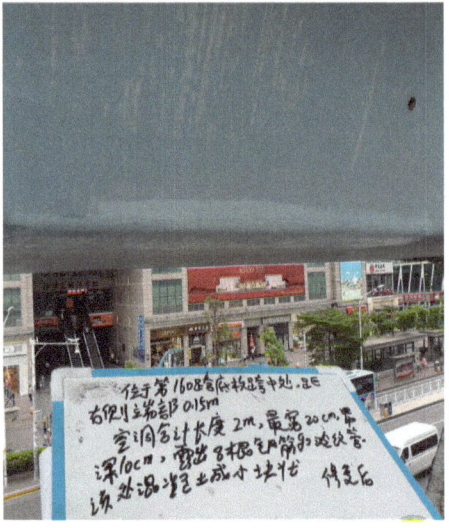

图 5.8 修复后

5.4 伸缩缝缺陷修复工艺

5.4.1 伸缩缝混凝土缺损修补

对凿除的混凝土露出的钢筋进行除锈处理，清洁创口，并用聚合物砂浆进行填补。

（1）疏松的混凝土需凿除，并用钢丝刷清除混凝土面上的浮渣、浮灰。

（2）用毛刷均匀地在混凝土表面涂界面剂，增强旧混凝土面和聚合物砂浆的黏合力。

（3）将已经配制好的聚合物砂浆在其固化前及时对破损和凿除的混凝土基面进行修补，以达到其原结构尺寸或设计要求。

（4）在聚合物砂浆修补完成之后的 24 h 内，不能对修补砂浆进行扰动，保证良好的养护条件。

5.4.2 伸缩缝更换

伸缩缝更换流程为：

（1）伸缩缝现场检查和材料设备进场。

（2）伸缩缝安装前期安全措施准备工作，布控及安全网设置等。

（3）切割缝区，风炮破除损坏的混凝土，清理缝区，取出主板。

（4）修正、植补预埋钢筋，补设面层钢筋，安装止水带。

（5）浇筑 C50 钢纤维混凝土并振捣密实。

（6）加装面层钢丝网片。

（7）主板安装、调整，以路面及两端缝为基准将型钢点焊定位，以螺栓固定。

（8）浇筑过渡段混凝土。

（9）混凝土养护、成品保护。

（10）清理场地，恢复通车。

5.4.3　施工注意事项

施工注意事项包括：

（1）禁止在日平均气温 45℃以上或日平均气温 5℃以下的地方施工。

（2）聚合物砂浆材料的保管应注意防水、防冻、阳光照射及雨淋。

（3）根据聚合物砂浆的使用量和施工要求的厚度，须保证压抹后的聚合物砂浆在 20～240 min 内维持湿润状态，已施工的砂浆在固化前须防止冻结、雨淋、水浸等。

5.4.4　修复工艺相关图片

修复工艺相关图片如图 5.9、图 5.10 所示。

图 5.9　伸缩缝更换

图 5.10　更换成新型伸缩缝

5.5 无缝化伸缩缝施工工艺

工作原理：依靠高黏弹性特种沥青结合料与石料形成混合物的黏弹性来适应温度和交通荷载作用而产生的桥梁端部位移。该材料适用伸缩量小于或等于 8 cm 的桥梁。

（1）对伸缩缝槽边进行切割，用风镐将两条线内的旧料清除，取出原桥梁伸缩装置，破碎深度约 12～17 cm，注意不要损坏桥基面。清理伸缩缝槽时如有旧铆钉要将它切掉，清理干净。

（2）用刷子对伸缩缝槽两侧及槽底进行清理，并用金属磨刷打磨表面，用热喷枪将槽内清理干净并烤干。检测槽底是否平整，棱线是否完好，使用快凝水泥将槽底修理平整，将棱线修理直顺。

（3）填充桥缝用 75 mm 厚、宽度为两倍桥缝宽度麻或耐高温泡沫垫衬条填实。将泡沫条塞入桥缝中，一定要塞紧，不能留空隙。这样就可以有效地防止接缝料泄漏、钢板被腐蚀和水汽的侵入。

（4）把接缝料加热到 170～190℃，最高温度不得超过 200℃。将加热的接缝料覆盖槽底，用刮板刮平，槽的两侧面也刷上一层。注意要将整个槽底密封，要看不到先前的槽底。在清理干净后要立即密封槽底。如果要推迟密封槽底则应在再次施工前用热喷枪进行再次清理和烤干。

（5）将正确规格的钢板铺在桥缝上，钢板的宽度应根据具体的伸缩缝来确定。钢板的标准长度为 1 m，某些情况下钢板可以减少到 30 cm 长。钢板一定要铺置，这样才能支撑上面的接缝料，使其不会掉进桥缝。用钉子将钢板固定以防止移动，固定间距一般为 30 cm。当钢板厚度小于 8 mm 时，应在钢板上钻孔，用钉子钉入垫衬条固定钢板；当钢板的厚度大于或等于 8 mm 时，则在钢板下焊接上限位固定条。固定好钢板后，再次在钢板上铺一层接缝料，并用刮板刮平。

（6）将加热的弹塑性改性沥青混合料分层均匀摊铺在伸缩缝槽内。

（7）用振动板或振动滚轮式压实机将铺筑好的混合料表层压实，与原路面齐平。为防止压实机在移动时带走接缝料可就近加一块湿麻布。

（8）在离切割线 4～5 cm 的路面上覆盖两条胶带，用于表面防水、防污染物，保证接缝处与路面接合均匀。用"V"形桶装规定温度的密封胶通过刮板盒倾倒于槽面及两边胶带上，填充石料间的空隙。用刮板刮平，确保路面平滑没有凹坑。

5.6 常温沥青间断级配混凝土面层施工工艺

5.6.1 常温沥青混合料的设计

（1）集料

间断级配集料是矿料级配组成中缺少一个粒级或几个粒级的集料级配。对粗集料嵌挤能力要求高，磨耗损失的要求更有所提高，必须满足洛杉矶磨耗率的要求，还需进行狄法尔磨耗试验。在集料级配的选定方面，由于混合料是间断级配类型，要得到理想效果，2.36～4.75 mm 之间的石料不宜超过总量的 5%。

使用间断级配集料，可为黏结层保证足够空间，保护路面，迅速排水，减少水雾，保证雨天行车能见度，保证石料充分嵌挤。

级配设计所需参考组成为：

- 10～15 mm 粗骨料（27%）
- 5～10 mm 粗骨料（40%）
- 0～3 mm 细骨料（27%）
- 矿粉（6%）

集料的要求按照《公路沥青路面施工技术规范》（JTG F40—2004）执行。

（2）沥青用量

常温沥青混合料中的油石比一般在 9% 左右（含水，其中常温沥青中的基质沥青固含量在 60%～65%），可按照《公路沥青路面施工技术规范》（JTG F40—2004）中沥青混合料马歇尔试验技术标准综合确定最佳用量。

（3）固化剂用量

固化剂是保证常温沥青混合料早期强度和后期稳定度的主要成分，其用量一般在 3% 左右。要以混合料的刚韧平衡综合性能来确定。

5.6.2 混合料的拌合与运输

（1）投料顺序：先集料，其次固化剂，最后是常温沥青液体。

（2）拌合时间：固化剂投进后与集料先干拌 10 s，然后再放沥青拌合均匀（约 40 s）。每盘常温沥青混合料的拌合时间比热沥青混合料拌合时间要长 10～15 s。

（3）混合料的运输：混合料装车时分3次装满，先中间后两端，为防止混合料的污染，需对混合料进行覆盖。

5.6.3 混合料的摊铺

（1）当针对面积不大的路面坑槽时，常温沥青混合料路面施工可采用人工或小型机械摊铺、压实。

（2）摊铺要求：小型机械摊铺时完全参照热拌沥青混合料路面施工标准。即慢速，匀速，少拢料，少停机待料，少接缝；调好螺旋布料器两端的自动料位器，并使料门开度、链板送料器的速度和螺旋布料器的转速相匹配，防止离析。

（3）接缝处理：摊铺路面的接缝，横缝可以采用平接缝，纵缝采用斜面接缝处理。

5.6.4 碾压

（1）在面层不黏轮时开始碾压，先轻后重，先内侧后外侧，在未压实的面层上不急刹车，不掉头，不转弯，慢速均匀碾压，碾压断面成阶梯推进。

（2）碾压机械的组合与碾压遍数由试验段确定，碾压遍数为5～8遍，采用橡胶轮胎式压路机用于碾压常温沥青混合料路面，不易造成麻面。

5.7 支座缺陷修复施工工艺

5.7.1 顶升方案

根据BRT的实际情况，拟采用双跨或多跨及横桥向同时顶升方案并严格限制顶升量，顶升高度不得大于10 mm。若支座旁边无足够的千斤顶工作空间，则需另外设计钢管支架作为顶升工作平台。

5.7.2 盆式支座更换要求及工序

由于顶升高度限制，当盆式支座采用预埋螺栓固定时，原支座螺栓采用氧气切割，其下混凝土采用凿子人工开凿，开凿方向设置在顺桥向一侧，开凿深度以能水平向取出支座为宜。支座调整就位前，底座钢板采用环氧砂浆粘贴固定。当盆式支座采用螺栓与钢垫板连接时，可以直接拆卸螺帽后取出支座。

盆式支座工序包括：

（1）顶升梁体，拆除旧支座并清理支座（垫石）、梁底钢板。

（2）核对支座位置并放样。调整或更换支座，其施工应符合设计规定要求。

（3）安装盆式橡胶支座。下支座板四角用钢楔块调整，使支座水平。

（4）在支座底面环氧砂浆或无收缩砂浆硬化后（其砂浆强度大于 80 MPa），拆除支座四角临时钢楔块，并用砂浆填塞。

（5）拆除上下支座连接板后，检查支座外观并及时安装支座防尘围板。

5.7.3 顶升工艺

同一横断面上主梁应同步顶升，整个顶举过程用桥面高程和千斤顶油压双项控制。千斤顶活塞伸出 2 mm 作为一个控制步长，在每个顶举步长位置均停留 1～2 min。检查千斤顶间的工作油压与桥面高程的误差，若高程误差和油压误差值超过控制值，则必须进行调整后才能进入下一个顶举周期，达到同步顶举的目的。

每次主梁顶升高度应相同且不得超过规定值，确保主梁整体被均匀顶起至目标高度，保证主梁结构安全。顶升时相邻墩台间不均匀，竖向位移差不超过 5 mm。

当支座更换施工完成后，经复核主梁中轴线与原设计中轴线一致后，即可放下主梁。支承在更换及维修后的支座上，主梁放置施工步骤与主梁顶升施工步骤相反。支座更换后，经观察并测量（由参照标线），因新旧支座压缩量不同引起的梁体纵向位移（即支座高度差）一般在 1 mm 左右。被顶升的梁体降落后，梁体不应产生横向位移现象。梁板顶升施工工艺流程如图 5.11 所示。

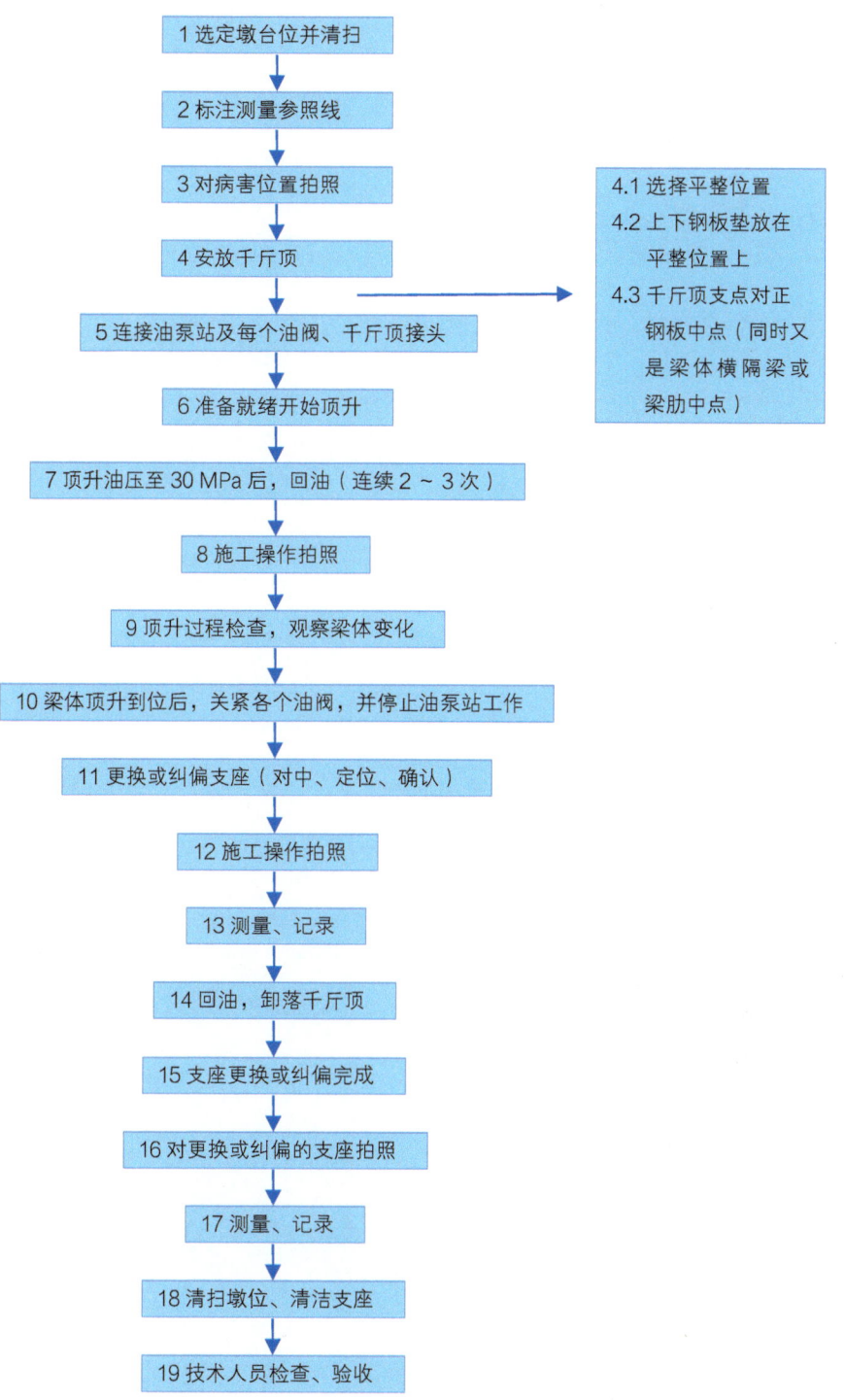

图 5.11 梁板顶升施工工艺流程图

5.7.4 更换支座时的注意事项

更换支座时的注意事项包括：

（1）在采用多台千斤顶同步顶升时，不仅要求各千斤顶在同一时间内行程一致，还必须有坚实的支承。

（2）利用千斤顶进行同步顶升时，所使用千斤顶的吨位需仔细确定，以保证有足够的富余量。

（3）主梁顶升过程中应严格要求同步进行。根据路面高程及施工的空间要求，全桥抬高至一定高度，施工中计划分多次逐步进行桥跨结构的顶升，顶升过程要求同步进行。每次顶升后，及时垫上保险块，以防千斤顶发生故障，造成主梁下落而损坏桥跨结构。每次顶升后进行各桥台面或桥墩盖梁面到主梁底部的高程测量，如有偏离，及时纠正，确保各主梁同步抬高。

（4）为防止主梁底部局部受压损坏，顶升时必须在主梁底部加垫 3 cm 厚钢板，以分散千斤顶对主梁底部的局部压力。

（5）预制钢筋混凝土垫块及支座安装。当桥跨结构被抬高到施工要求的位置时，凿去旧支座，凿毛墩台上垫块位置的混凝土表面，并冲洗干净，浇筑垫块混凝土，然后抹一层 5 mm 厚的环氧砂浆，将垫块安放到预定位置，调整到设计标高。

（6）落梁过程仍要求同步进行。

BRT 箱梁顶升工艺现场图片如图 5.12 所示。

图 5.12 BRT 箱梁顶升工艺现场图片

5.8 混凝土表面涂装恢复工艺

5.8.1 表观处理

(1)涂装前应除去混凝土表面模板残渣、油污、表面粉尘、黏附的砂浆、残余的脱模剂及杂物等,金属外露的锐边、尖角和毛刺应打磨圆顺。

(2)涂装前应使混凝土表面保持干燥、清洁。在混凝土表面处理检查合格后 24 h 内随即进行防腐漆喷涂或涂刷施工。

(3)涂装施工可采用滚筒法、人工法或喷涂法;滚筒法施工时应以交叉的走势在混凝土表面上滚动,将涂料均匀涂刷在表面上;人工法适合于修饰裂缝及接头处的带状涂抹,也用于混凝土角落或难以接近的地方,通常与滚筒法配合作业。

(4)其色差经反复调试并与原桥梁表面表观色差一致后,采用喷涂或辊涂方式对修复的桥梁部位进行涂装处理。

5.8.2 涂装材料

基层:外墙腻子粉 2~3 mm 厚;底层:环氧树脂封闭漆 30 μm 厚;中间层:环氧树脂漆 300 μm 厚;面层:乙烯树脂漆 200 μm 厚。

5.8.3 涂装条件

(1)底漆:表面 $pH < 10$,空气湿度要小于 85%,混凝土表面含水率 $< 15\%$。

(2)中间漆及面漆:基底充分干燥,含水率 $< 6\%$,空气湿度要小于 75%(严禁雨天施工),表面 $pH < 10$。

5.8.4 质量要求

(1)基层应牢固,不开裂、不掉粉、不起砂、不空鼓、无剥落、无石灰爆裂点和无附着力不良的旧涂层等。基层是否牢固可通过敲打和刻划检查。

（2）基层应表面平整，立面垂直，阴阳角垂直、方正和无缺棱掉角，分格缝深浅一致且横平竖直。允许偏差应符合表5.1的要求且表面应平而不光。检查要求包括：

①表面是否平整，可用2 m直尺和楔形尺检查。

②阴阳角是否垂直，可用2 m托线板和尺检查。

③阴阳角是否方正，可用20 mm方尺检查。

④立面是否垂直，可用质量检查尺检查。

表5.1 基层允许偏差标准

平整内容	普通级	中级	高级
表面平整	≤5	≤4	≤2
阴阳角垂直		≤4	≤2
阴阳角方正		≤4	≤2
立面垂直		≤5	≤3
分格缝深浅一致且横平竖直		≤3	≤1

（3）基层应整洁，表面无灰尘、无浮浆、无锈斑、无霉点、无盐类析出物和青苔等杂物。基层应清洁，可目测检查。基层应干燥，涂刷溶剂型涂料时，基层含水率不得大于8%。

①酸碱度可以用pH试纸和pH试笔通过湿棉测定，也可直接测定。

②根据经验，抹灰基层养护时间为14～21 d，混凝土基层养护时间为21～28 d，一般能达到此要求。

③含水率可用砂浆表面水分测定仪测定，也可用塑料膜覆盖法粗略判断。

（4）涂饰前，应对基层进行验收，合格后，方可进行涂饰施工。

（5）底漆涂厚干膜厚度不小于30 μm，应尽可能使其完全渗透入混凝土内，不可在表面形成漆膜；如形成漆膜则表面会呈现光泽，必须打磨。

5.9 钢管混凝土内部脱空二次灌浆工艺

5.9.1 工艺流程

工艺流程为：测量定位—造孔施工—灌浆孔编号—灌浆孔清理—灌浆施工—灌浆质量检查—封孔—竣工验收。

5.9.2 施工措施

（1）定位、造孔

根据现场重新检测混凝土脱空位置、范围大小，定位出灌浆孔和排气孔，灌浆孔位于支墩钢管最底部，排气孔布置在脱空部位最高处，排气孔根据支墩钢管高度来设置个数，每隔5 m设置一个排气孔。灌浆孔、排气孔孔径均为18 mm。

（2）灌浆准备

灌浆水泥采用P.O42.5普通硅酸盐水泥。出厂到货时必须有产品合格证及检测报告，到货后按程序报请监理工程师验收并取样至实验室检测其常规物理性能，合格后方可使用。受潮结块的水泥不得用于灌浆施工。

造孔完成后，开始对灌浆孔进行清洗，清除孔内杂物，然后用风管对灌浆孔进行通风清洗，吹除缝隙内的污物和积水，同时对各孔位进行编号识别。

（3）灌浆施工

灌浆分两序进行，一序孔灌浆，二序孔排气。灌浆首先从最低处开始，向较高处逐渐推移。

如果脱空部位连续均匀，则灌浆水泥浆液水灰比（重量比）拟直接采用0.5∶1一个比级进行灌注，灌注0.5∶1的水泥浆液。灌浆过程中不断敲击震动钢衬，待高处孔分别排出浆液后，且出浆水灰比接近0.5∶1时，依次将排气孔封闭，灌浆压力达到0.2 MPa，灌浆孔停止吸浆时，稳压延续灌注5 min即可结束。

灌浆过程中设专人观测检查钢衬是否有突出变形，若发生情况应立即减压，并协同现场监理工程师研究处理。

（4）质量检查

在灌浆结束7 d后，采用锤击法，敲打钢衬表面，以回声频率的高低辨别结石充填情况。如果不存在脱空面积大于$0.5 m^2$，可以确定该部位的灌浆质量合格。

如果检查结果不满足质量标准，应打开不合格处附近的灌浆孔，按以上措施进行补灌。

（5）封孔

在接触灌浆完成且符合质量要求后，即开始灌浆孔封孔施工。封孔拟采用和支墩钢管同材质、同厚度、同孔径的钢圆柱体进行封堵。最后用电焊将圆柱体焊接至与压力钢管齐平，打磨处理后涂抹一层环氧基液。

5.10 隧道防火涂层维修施工工艺

5.10.1 基层处理

隧道涂装涂料施工前，对防火涂料掉块处基层表面进行下列处理：
（1）施工前，用砂轮机等清除基层的浮灰、浮尘等杂物。
（2）基层用高压水冲洗干净。
（3）喷涂施工前，混凝土基体保持充分湿润，且基层表面不得有明水。
（4）隧道衬砌接头部或衬砌表面有严重错台时，用水泥胶砂将其找补处理圆顺。

5.10.2 涂料配比

防火涂料配比为每 100 kg 涂料粉加水 125 kg。
（1）隧道涂装涂料的拌制采用双层低速搅拌机搅拌。先将搅拌机清理干净，拌制时先投隧道涂装涂料干粉，然后加入水搅拌均匀。拌制时间不低于 10 min，而后置入下层料斗，并静止 10 min，再搅拌 3 min 后方可喷涂施工。拌制好的材料色泽应均匀，无结块、团粉。在喷涂施工过程中应不时地搅拌涂料，不得向已搅拌好的涂料中另外加水。
（2）拌制好的涂装涂料须在 1.5 h 内用完。当气温、湿度小或风速大时，宜在 60 min 内用完。

5.10.3 喷涂施工

喷涂施工要求为：

（1）涂装涂料施工采用专用的喷涂设备，喷涂时能连续、均匀地把涂料喷涂到基层上。

（2）涂装涂料施工应符合相关规定，并通过多次喷涂达到设计厚度。后一层涂料的施工要在前一层达到一定强度后进行，在常温下每层喷涂施工的时间间隔应在一周以上。

（3）涂装涂料喷涂第一层时，喷涂厚度宜控制在 3～4 mm，并确保第一层涂装涂料与基面黏结可靠。第二层喷涂时每层的厚度控制在 4～5 mm，直到满足设计要求的厚度。每层喷涂太厚会影响涂料的黏结力。下层涂料喷涂施工前先喷雾，将上层涂料润湿，不得用高压水或洒水浇灌。

（4）涂装涂料施工时要喷涂均匀，无漏涂，基本无色差，无流挂和结块，喷涂要平整。在喷涂前两层过程中对局部缺陷要及时采取措施改进，以使喷涂表面平整。交叉作业时应协调好先后工序和防护工作。

（5）喷涂与涂抹应相结合。喷涂施工时，喷枪的喷嘴要垂直于基面，合理调整压力、喷嘴与基面距离。因喷涂表面不够光滑，所以在最后一次喷涂完后应立即用涂料进行手工补填、压实、修整、抹平，使涂层表面平整度及厚度达到设计要求。如遇气泡应挑破压实，保证涂抹密实。如有损伤要及时修补。抹平和压实要在初凝前完成，在基层基本干透成型后方可进行表面的饰面施工。

（6）涂装涂料施工期间及施工后的 24 h 内，环境温度不应低于 5℃，湿度不应大于 80%。在极度干燥的条件下，要创造必要的养护条件，防止涂层失水过快而开裂。

（7）隧道涂装涂料涂层施工达到设计厚度且终凝后应进行 7 d 保湿养护，初始采用喷雾养护，后期可喷洒清水养护，然后自然养护 21 d（洞内湿度较大时也可自然养护）。养护期间，不得受冻，并防止碰撞和用水冲刷。

（8）施工涂装涂料涂层硬化后，一般与涂装涂层施工结束相隔 7 d，方可按设计要求喷涂其他各色建筑装饰涂料。装饰涂料的施工要求按产品说明书和国家现行有关标准进行。

5.10.4 质量要求

质量要求为:

(1) 隧道涂装涂层与基层应黏结牢固,喷涂均匀,无流坠,无漏涂,无裂缝、起层、掉块、起砂等缺陷,顺层表面平整度偏差不应大于 4 mm。

(2) 隧道涂装涂层的平均厚度不得小于设计规定的厚度,最小厚度不得小于设计厚度的 85%。

(3) 隧道涂装涂料设计涂层厚度的耐火性能不应低于相应规模的隧道涂装设计要求,既要求隧道涂装涂料在设计涂层厚度时,应相应进行 25 min 的耐火试验检验,距混凝土表面 25 mm 处钢筋温度不应大于 250℃,混凝土表面温度不应大于 380℃。

修复施工相关图片如图 5.13、图 5.14 所示。

图 5.13 修复中(1)

图 5.14 修复中(2)

5.11 隧道截水沟维修实施工艺

5.11.1 施工流程

施工流程为：

（1）凿除截水沟下陷部位的混凝土至坚实的基底，将垃圾清理干净。

（2）用毛刷均匀地在凿除部位表面涂刷界面剂，以增强与聚合物砂浆之间的黏合力。

（3）将已经配制好的聚合物砂浆对凿除部位进行修补，并使修复表面与截水沟地面接壤平顺。

（4）聚合物砂浆拌和用水量为 12%～15%，每次压抹的厚度应满足施工规范的要求（不超过 1 cm）。

（5）在聚合物砂浆修补完成之后的 24 h 内，不能对修补砂浆进行扰动，保证良好的养护条件。

5.11.2 注意事项

注意事项为：

（1）禁止在日平均气温 45 ℃以上或日平均气温 5 ℃以下的地方施工，如需施工，须有必要的保证措施。

（2）聚合物砂浆材料的保管应注意防水、防冻、阳光照射及雨淋。

（3）根据聚合物砂浆的使用量和施工要求的厚度，须保证压抹后的聚合物砂浆在 20～240 min 内维持湿润状态，已施工的砂浆在固化前须防止冻结、雨淋、水浸。

（4）聚合物砂浆压抹较厚时，应采取分层多次抹灰，每次厚度不超过 1 cm。

5.11.3 现场修复相关图片

现场修复相关图片如图 5.14—图 5.16 所示。

图 5.14　修复前　　　　　　图 5.15　修复中　　　　　　图 5.16　修复后

5.12　防火板维修实施工艺

5.12.1　防火材料

（1）隧道使用的防火材料，应按相关标准和技术要求进行验收、保管和运输，到场的防火板及锚固件具有质量证明文件，原材料的规格型号等级应符合国家相关标准和设计要求。施工前应按要求进行检查和挑选，强制性要求的（如防火性能和指标）必须通过实验和复检。

（2）运输和保管防火板及相关材料时应防止碰撞、污染，金属配件应防潮保管。

5.12.2　工艺标准

（1）材料准备：经国家消防检测合格的隧道专用防火板，直径 10 mm 的不锈钢沉头内膨胀螺栓，接缝专用材料等。

（2）防火板底框安装流程为：

① 首先拆除原防火板及防火板条，清除混凝土表面杂物和不平整物。

② 凡有明敷设的管线设备不准拆移，必须进行保护。

③底框均采用 12 mm 防火板条黏结而成，底框与混凝土墙体采用中性硅酮胶黏接固定。

5.12.3　现场修复相关图片

现场修复相关图片如图 5.17、图 5.18 所示。

图 5.17　修复中（1）

图 5.18　修复中（2）

5.13　声屏障维修实施工艺

5.13.1　施工工艺

（1）定位焊前，按照施工图检查焊件坡口尺寸、根部间隙等。定位焊长度、间距及焊脚高度应符合有关规范标准的要求。

（2）主要构件的接缝应用风动砂轮、钢丝轮或钢丝刷进行清理。

（3）所有焊接的引弧不得在母材的非焊接部位进行，手工焊焊接的引弧应放在焊接坡口内进行。

（4）焊接完毕，所有焊缝必须进行外观检查，不得有裂纹、未熔合、夹渣、未填满弧坑等缺陷。

5.13.2 涂装

（1）钢材预处理

① 除锈前应清理表面积水和油污、氧化皮、铁锈等污物，再用干净的压缩空气和毛刷将灰尘清理干净。

② 钢材进行预处理，喷车间底漆。

（2）表面清洁处理

① 为增强漆膜和钢材的附着力，应对钢材表面进行清洁处理，然后喷砂涂装。

② 表面清洁工艺流程：用压缩空气吹除表面粉粒，用无油污的干净棉纱碎布抹净防止再污染。

（3）喷砂除锈

① 钢构件外表面在涂装前采用喷砂除锈，内部可采用风动工具打磨除锈。

② 工地现场除锈时，焊缝附近及破损部位采用风动工具打磨除锈。

③ 除锈等级达到有关规范的要求。

④ 喷砂除锈后，还需要对钢材进行清洁处理。

（4）涂装工艺及技术

① 涂装作业时使用高压无气喷涂泵施工，根据选定的涂料性能及配比正确选择喷枪空气压力。

② 涂层表面应力求光滑、平整，不得有针孔和明显流挂、皱皮、漏涂等弊病发生，面漆应光洁美观，色彩均匀。

③ 漆膜厚度符合规定要求，最低膜厚需达到规定厚度的85%以上，但不盲目超厚。

④ 对于自由边缘等难于涂装的部位，在高压无气喷涂之前，需用笔刷作一两遍刷涂。

⑤ 最后一道油漆工作在各项装饰工作结束并修正各种缺陷后进行。涂装前应认真做好清洁工作，喷涂时应注意对有关零件的遮蔽保护。

⑥ 对涂层进行膜厚管理，底漆及全部涂装完成后，需进行膜厚检测与数据记录。

5.14 排水系统维修实施工艺

5.14.1 维护方法

对损坏的排水系统构件进行更换,对堵塞的排水通道进行疏通。

5.14.2 PVC排水管安装

(1)安装准备

熟悉图纸,按设计要求和工程承包范围,结合实际情况,绘制加工草图。

(2)预制加工

黏结前应对承插口进行插入试验,一般插入深度为承口的3/4。试验合格后用棉布将承插口需黏结部位的水分、灰尘擦拭干净。用毛刷涂抹黏结剂,先涂承口,后涂插口,随机插入管件,插入黏结剂时将插口稍作转动,以利于黏结剂分布均匀,黏结牢固后立即将溢出的黏结剂擦拭干净。粘连时应注意预留口方向。管件要编号,甩口位置、方向要准确。

(3)立管、干管的安装

采用托吊架的要按坐标、标高、坡度等要求,先安装好托吊架,然后将预制好的管件,按编号进行安装。管道要平直,坡度要均匀。安装完毕后,以充气橡胶堵封并做闭水试验。在规定时间内,达到不渗漏,水位不下降为合格。

5.14.3 钢制排水沟安装

(1)测量、放线,沥青切除

待桥面沥青铺装完毕,现场具备施工条件后,清理场地,测量、放线,将排水沟处的沥青切除,并清理干净。沥青切除要计算好整体尺寸,以防排水沟安装后超出桥面沥青的标高;沥青切除时控制好切割尺寸,两侧留有余量,方便排水沟的安装。

(2)补涂防水层

沥青切除后,将高出排水沟安装高程的部分凿除,并补涂DPS及沥青防水层。

(3)构件进场、报验

预制的排水沟构件在运输过程中,要保持整体平整,沟断面四方着实。构件到场后应报监理验收,验收合格后方可安装,已变形的构件不得安装。

(4) 除锈、防腐涂装

排水沟构件的防腐涂刷参照《工业金属管道工程施工规范》(GB 50235—2010),并不低于以下设计要求:

① 排水沟的防腐采用改性聚氨酯新型高分子防腐涂料涂装。

② 内表面及外露表面防腐,采用人工除锈,防腐涂料刷两道底漆、两道面漆,防腐层漆膜厚度为 80~100μm。

(5) 桥面调平

排水沟安装前,应将高出安装高程的部分凿除,使用 M15 砂浆进行调平。

(6) 排水沟安装及高程控制

排水沟安装,应以桥面沥青面层高程为控制点,安装时应严格按照控制点挂好施工线,使用水平尺根据详细标高交底随时自检。发现不符,应及时处理。高出安装高程的应凿除,低于安装高程的应以砂浆垫补。排水沟安装时要在抹平砂浆未凝结前放置在基础上,确保排水沟顶部高程不高于桥面沥青面层的高程。

(7) 钻孔、植筋

排水沟安装完成后,按照排水沟的预留孔定位出植筋点,进行钻孔、植筋。具体流程为:定位、材料准备、凿面、机械钻孔、清孔、结构胶配制、注胶、插筋、调整、固化、检测。

(8) 焊接

排水沟槽与植筋采用塞焊连接,排水沟与排水钢管连接处用焊接连接。焊接完成后要进行打磨处理,确保沟槽底面平直、顺滑,并对焊接损伤的部位补涂防腐油漆。

(9) 铺格栅盖板及缝隙处理

排水沟钢制格栅盖板铺设前,应将沟槽内杂物清洗干净,最后进行盖板的铺设。

安装完毕后,排水沟顶面两侧缝隙采用沥青麻丝封堵,以防渣屑堵塞侧渗水孔。

6 结语与后续工作

6.1 结语

本书是厦门快速公交系统（BRT）维护、安全与运营管理系列丛书的第一册。本书通过 BRT 在近 10 年的运营时间里所出现不同程度的病害、缺陷，运用管理、检测、维保、设计等单位的智慧，对厦门 BRT 在运营管理过程中的结构物病害诊断、安全评定与维护技术的主要成果做了全面、深入的介绍。本书的前半部分通过在现行规范的基础上制定适合 BRT 桥梁与站台等结构特性的检测项目与执行标准，形成标准化的检测与评定。后半部分的病害诊断篇对 BRT 结构物的分类病害形成机理与影响进行分析，并提供病害相应的加固维修方法，展现桥梁养护管理中所运用的新技术、新设备，以供读者参考。

书中既有比较丰富的实践经验介绍，又有一定程度的理论阐述，可供从事同类工程建设管理、设计、施工、监理的工程技术人员使用，也可供本、专科院校交通工程、城市桥梁工程以及其他相关专业的师生参考。

6.2 后续工作

鉴于 BRT 全线运营系统庞大，研究对象不仅包括区间桥梁、全线站台及附属设施等结构物，也包括诸如机电与收费系统、公交车辆设备与运营系统等。同时在维护、安全与运营管理的相关技术方面，不仅包括结构物检测、评定、监测与维养技术，同时还包含管养体系的构建建设、养护决策与规划等。因此后续本工作组将按不同技术体系对 BRT 全线的运行与管理技术进行深入地分析、阐述。侧重重点在如下几方面：

（1）BRT 综合化管理养护的新思路和新方法。

（2）基于全生命周期的 BRT 综合巡检与维护体系及技术流程。

（3）建立 BRT 档案、管养及综合化信息系统平台。

（4）建立 BRT 结构物在线监测与安全预警系统。

（5）结合 BRT 管理与养护特点，建立全寿命造价模型和维护加固决策模型，对厦门 BRT 管理与养护中长期规划给出实施的整体策略。

附表

附表1 桥梁构件病害及扣分值表

要素	原规范损坏类型	原规范定义	建议损坏类型	建议定义	损坏评价				说明
桥面铺装检查	波浪及车辙	桥表面有规则的纵向起伏或局部拥起、沿轮迹处的路表凹陷及磨光和修补痕迹			程度	<3%	3%~10%	>10%	出现波浪及车辙等病害的总面积占整个桥面面积的百分比
					扣分值	5	15	40	
	网裂或龟裂	桥面产生交错裂缝,把桥面分割成网状的碎块			程度	<3%	3%~10%	>10%	网裂总面积占整个桥面面积的百分比
					扣分值	5	15	40	
	坑槽	桥面材料散失后形成凹坑,但没有贯穿桥面			程度	<3%	3%~5%	>5%	坑槽总面积占整个桥面面积的百分比
					扣分值	25	45	65	
	碎裂或破碎	桥面出现成片裂缝,缝间路面已裂成碎块			程度	<3%	3%~5%	>5%	碎裂或破碎的总面积占整个桥面面积的百分比
					扣分值	40	65	80	
	洞穴	桥面开裂或破损形成贯穿桥面的洞穴			程度	1个	2个	≥3个	洞穴数量
					扣分值	50	65	80	
	桥面贯通横缝	与桥面道路中线大致垂直并且在横向有可能贯穿整个桥面的裂缝,有时伴有少量支缝			程度	无	半贯穿	贯通	裂缝在垂直于桥面道路中线方向的贯通程度
					扣分值	0	5	15	

续表

要素	原规范损坏类型	原规范定义	建议损坏类型	建议定义	损坏评价				说明
					程度	无	半贯穿	贯通	
桥面铺装检查	桥面贯通纵缝	与桥面道路中线大致平行在纵向可能贯通整个桥面的裂缝，有时伴有少量支缝			扣分值	0	5	15	裂缝在平行于桥面道路中线方向的贯通程度
					程度	无	少量	严重	"无"指几乎没有生物病害或病害对结构无影响；"少量"指有少量的生物病害；"严重"指有大量的生物病害且对结构安全产生影响
	其他病害		生物病害	由植物或人的行为对桥梁造成的影响	扣分值	0	5	15	
桥头平顺检查	桥头沉降	桥梁与道路连接处形成高差		桥梁与道路连接处形成高差	程度	无	轻微	明显	"无"指桥梁与道路持续平顺，目测不出高差；"轻微"指桥梁与道路连接有高差，Ⅱ类养护城市桥梁不应大于2mm，"明显"指桥梁与道路连接有高差，对于Ⅱ类养护城市桥梁高差大于2mm即为明显
					扣分值	0	15	40	
	台背下沉值	道路路面在桥梁台背回填处出现沉降的深度			程度	<2cm	2～5cm	>5cm	道路路面在桥梁台背回填处出现沉降的深度
					扣分值	15	40	80	

续表

要素	原规范损坏类型	原规范定义	建议损坏类型	建议定义	损坏评价			说明
桥头平顺检查	一般锈蚀	钢结构物表面出现锈蚀	伸缩缝一般锈蚀		程度	无	≤10%	>10%	一般锈蚀的总面积占整个钢结构物表面积的百分比
					扣分值	0	25	45	
	缝内沉积物阻塞	带螺栓的伸缩缝装置中原本紧固的螺帽产生松动	伸缩缝堵塞	伸缩缝内垃圾堵塞	程度	无	少量	严重	"无"指几乎没有杂物进入缝内;"少量"指伸缩缝内有少量的杂物;"严重"指缝内有大量的杂物并造成伸缩缝内严重阻塞
					扣分值	0	5	15	
	接缝处铺装碎边	桥梁接缝处桥面边缘出现破碎损坏		伸缩缝边缘混凝土碎裂	程度	无	轻微	严重	"无"指桥梁接缝处桥面边缘没有破损;"轻微"指桥梁接缝处桥面边缘有10个以内小于0.1m²,深度小于2cm的破损;"严重"指桥梁接缝处桥面边缘有10个以上破损或9有面积大于0.1m²的破损
					扣分值	0	40	65	
	止水带破损、老化	伸缩缝橡胶条、填缝料、橡胶带等橡胶构件出现破损、老化	止水带损坏	止水带发生破损	程度	无	轻微	严重	"无"指伸缩缝止水带没有破损老化;"轻微"指破损长度小于该缝长度的20%或少量橡胶构件出现老化,弹性性能下降"严重"指破损长度大于该长度10%或橡胶构件变硬,几乎失去弹性
					扣分值	0	15	40	

续表

要素	原规范损坏类型	原规范定义	建议损坏类型	建议定义	损坏评价				说明
					程度	无	轻微	明显	"无"指桥梁伸缩装置与桥面（路面）连接平顺，目测不出高差；"轻微"指桥梁伸缩装置与桥面（路面）连接处有高差，高差为超出03城市桥梁养护技术规范5.2.6要求；"明显"指桥梁伸缩装置与桥面（路面）高差超过2003城市桥梁技术规范5.2.6条限值
桥头平顺检查	接缝处高差	伸缩装置高差，伸缩装置保护带与桥面的高差			扣分值	0	5	15	
					程度	无	轻微	严重	"无"指钢材料没有翘曲变形；"轻微"指钢材料有小于或等于1cm的翘曲变形，这种变形基本上不影响该构件原有的功能；"严重"指钢材料有大于1cm的翘曲变形，这种变形严重影响甚至破坏了该构件原有的功能
	钢材料翘曲变形	伸缩缝内的钢材料构件产生不均匀应变而形成非正常的弯曲或扭曲变形	伸缩缝钢材变形		扣分值	0	15	40	
					程度	正常	略有变化	卡死	"正常"指伸缩缝宽为设计时预留的正常缝宽；"略有变化"与设计时预留的正常缝宽相比有大于2cm的变化；"卡死"指伸缩缝缝宽几乎为0，伸缩缝两侧的桥梁构件紧密接触在一起
	结构缝宽异常	伸缩缝在设计时预留的正常缝宽			扣分值	0	15	65	
					程度	无	轻微	严重	"无"指伸缩缝车辆经过时没有异常声响；"轻微"指伸缩缝在车辆经过时发出不太明显的异常声响；"严重"指伸缩缝车辆经过时发出很明显的声响
	伸缩缝异常声响	伸缩缝结构在车辆经过时发出非正常声响			扣分值	0	10	30	

续表

要素	原规范损坏类型	原规范定义	建议损坏类型	建议定义	损坏评价			说明
					程度	无	轻微	严重	
桥头平顺检查			其他病害	生物病害	由植物或人的行为对桥梁造成的影响	扣分值	0	5	15	"无"几乎没有生物病害或病害对结构无影响;"少量"指有少量的生物病害"严重"指有大量的生物病害且对结构安全产生影响
排水系统检查	泄水管阻塞	垃圾泥土等杂物进入泄水管造成阻塞		垃圾泥土等杂物进入泄水管、漏水箅和止水带造成阻塞	程度	<5%	5%~20%	>20%	被阻塞的泄水管、漏水箅、止水带数占泄水管总数的百分比
					扣分值	10	40	80	
	残缺脱落	排水设施残缺不全或脱落	排水管或泄水箅掉落	排水管设施掉落	程度	<5%	5%~20%	>20%	残缺脱落的排水设施占排水设施总数的百分比
					扣分值	10	20	40	
	桥面积水	桥面雨水不能及时排走而形成积水			程度	无	个别处	多处	"无"指桥面没有积水现象;"个别处"指桥面只有一处积水现象;"多处"指桥面有两处以上积水现象
					扣分值	0	45	65	
	防水层破坏	设置于桥面铺装内的水泥或沥青混凝土的防水结构层发生破坏			程度	完好	渗水	老化	"完好"指防水层完好,从桥梁梁底来看没有渗水的痕迹;"渗水"指防水层有轻微的渗水,从桥梁梁底来看在个别位置有不太明显的渗水痕迹;"老化"指防水层老化,有严重渗水,从桥梁梁底来看在多处位置有漏水的痕迹并且漏水量较大
					扣分值	0	30	65	

续表

要素	原规范损坏类型	原规范定义	建议损坏类型	建议定义	损坏评价			说明
排水系统检查	一般锈蚀	钢结构物表面出现锈蚀	排水系统钢结构物表面出现锈蚀		程度	无	≤10%	>10%	一般锈蚀的总面积占整个钢结构物表面积的百分比
					扣分值	0	25	45	
		其他病害	生物病害	由植物或人的行为对桥梁造成的影响	程度	无	轻微	严重	"无"指几乎没有生物病害或病害对结构无影响;"少量"指有少量的生物病害;"严重"指有大量的生物病害且对结构安全产生影响
					扣分值	0	5	15	
护栏检查	蜂窝、麻面*	钢筋混凝土材料的栏杆或护栏蜂窝、麻面			程度	<20%	20%～50%	>50%	产生蜂窝、麻面的面积占护栏总面积的百分比
					扣分值	10	20	30	
	剥落、掉角*	钢筋混凝土材料的栏杆或护栏剥落、掉角、开裂			程度	<5%	5%～15%	>15%	产生剥落、掉角的面积占护栏总面积的百分比
					扣分值	10	20	30	
	空洞、孔洞*	钢筋混凝土材料的栏杆或护栏空洞、孔洞			程度	<5%	5%～15%	>15%	产生空洞、孔洞的面积占护栏总面积的百分比
					扣分值	10	35	65	

续表

要素	原规范损坏类型	原规范定义	建议损坏类型	建议定义	损坏评价			说明
护栏检查	一般锈蚀	钢结构物表面出现锈蚀		护栏钢结构物表面出现锈蚀	程度	无	≤10%	>10%	一般锈蚀的总面积占整个钢结构物表面积的百分比
					扣分值	0	25	45	
	露筋锈蚀	钢筋混凝土材料的栏杆或护栏表面水泥混凝土剥落露出内嵌的钢筋且钢筋产生锈蚀			程度	<5%	5%~20%	>20%	产生露筋锈蚀的构件数占所有栏杆或护栏构件总数的百分比
					扣分值	10	20	40	
	松动错位	原来固定在桥面的栏杆或护栏产生松动或位置错动	栏杆松动		程度	轻微	中等	严重	"轻微"指栏杆或护栏只有个别的构件松动或错位，只稍微影响美观但不影响安全；"中等"指栏杆或护栏有小于或等于20%的构件松动或错位，不仅影响美观还存在一定的安全隐患；"严重"指栏杆或护栏有20%以上的构件松动或错位，不仅影响美观而且存在严重的安全隐患
					扣分值	10	30	*	
	丢失残缺	栏杆或护栏的构件损坏后丢失使得栏杆或护栏残缺不全	栏杆缺失损坏		程度	轻微	中等	严重	"轻微"指栏杆或护栏只有个别的构件丢失或残缺，只稍微影响美观但不影响安全；"中等"指栏杆或护栏有小于或等于20%的构件丢失或残缺；"严重"指栏杆或护栏有20%以上的构件丢失或残缺，不仅严重影响美观而且存在安全隐患
					扣分值	10	30	*	

续表

要素	原规范损坏类型	原规范定义	建议损坏类型	建议定义	损坏评价				说明
					程度	无	明显	严重	
护栏检查			护栏裂缝	钢筋混凝土材料的栏杆的裂缝	扣分值	0	20	30	"无"指护栏没有出现结构裂缝;"明显"指结构裂缝宽度未超过限值;"严重"指结构裂缝宽度大于允许限值
附属设施	一般锈蚀	附属设施钢结构物表面出现锈蚀	声屏障缺损	声屏障构件缺损	程度	无	轻微	严重	"无"指声屏障完好;"轻微"指声屏障在不更换的情况下能够修复;"严重"指声屏障缺失
					扣分值	0	20	40	
			反光标志缺损	反光标志缺失、失效或者脱落	程度	<5%	5%～10%	>10%	反光标志缺损的总量占总数的百分比
					扣分值	0	15	35	
			照明设施缺损	照明设施构件损坏、未安装、松动、脱落或者丢失	程度	无	轻微	严重	"无"指照明设施完好;"轻微"指照明设施部分不完整,但仍能正常工作;"严重"指照明设施已经无法正常工作
					扣分值	0	5	15	
				附属设施钢结构物表面出现锈蚀	程度	无	≤10%	>10%	一般锈蚀的总面积占整个钢结构物表面积的百分比
					扣分值	0	25	45	

续表

要素	原规范损坏类型	原规范定义	建议损坏类型	建议定义	损坏评价				说明
箱梁检查	蜂窝、麻面	梁表面混凝土蜂窝、麻面			程度	<20%	20%~50%	>50%	产生蜂窝、麻面的面积占整个梁底表面积的百分比
					扣分值	10	20	30	
钢结构物	变色起皮	钢结构物表面油漆变色或漆皮隆起	表面起皮		程度	无	≤30%	>30%	变色起皮的总面积占整个钢结构表面积的百分比
					扣分值	0	15	30	
	剥落	钢结构物表面油漆剥落	油漆剥落		程度	无	≤10%	>10%	剥落的总面积占整个钢结构物表面积的百分比
					扣分值	0	20	40	
	一般锈蚀	钢结构物表面出现锈斑	结构锈蚀		程度	无	<10%	>10%	一般锈蚀的总面积占整个钢结构物表面积的百分比
					扣分值	0	25	45	
	锈蚀成洞	钢结构物生锈并洞穿	洞蚀		程度	无	局部	大量	"无"表示钢结构物没有出现锈蚀成洞;"局部"指钢结构物局部位置出现锈蚀成洞;"大量"指钢结构物出现大量的锈蚀成洞
					扣分值	0	25	*	
	焊缝开裂	钢结构物上的焊缝出现裂缝			程度	无	少量	大量	"无"指焊缝没出现开裂;"少量"指10%及以下的焊缝开裂;"严重"指超过10%的焊缝出现开裂
					扣分值	0	65	*	
	焊缝裂缝	钢结构物上的焊缝开裂			程度	无	少量	严重	"无"指焊缝没有裂纹;"少量"指10%及以下的焊缝有裂缝;"大量"指10%以上焊缝有裂纹
					扣分值	0	15	*	
	铆钉损失	钢结构物上的铆钉损坏或丢失			程度	无	<20%	>20%	损失的铆钉数占铆钉总数的比例
					扣分值	0	40	*	

续表

要素	原规范损坏类型	原规范定义	建议损坏类型	建议定义	损坏评价			说明
					程度	无	少量	大量	
钢结构物	螺栓松动	钢结构物上的螺栓出现松动			扣分值	0	20	*	"无"指没有螺栓出现松动；"少量"指20%及以下的螺栓出现松动；"大量"指20%以上的螺栓出现松动
PC或RC梁式构件	表面网状裂缝	裂缝出现网状裂缝			程度	<3%	3%~10%	>10%	网状裂缝的总面积占整个梁底表面积的百分比
					扣分值	10	25	40	
	混凝土剥离	梁表面混凝土破裂剥落			程度	<1%	1%~2%	>2%	混凝土剥离的总面积占整个梁底表面积的百分比
					扣分值	15	30	45	
	露筋锈蚀	梁表面混凝土脱落后露出内嵌的钢筋并且钢筋产生锈蚀			程度	<1%	1%~2%	>2%	出现露筋锈蚀的总面积占整个梁底表面积的百分比
					扣分值	20	40	*	
	梁体下挠	梁体向下弯曲			程度	无	轻微	明显	"无"指梁体没有出现下挠；"轻微"指梁体出现轻微下挠但不超过允许值；"严重"指梁体明显下挠并超过允许限值
					扣分值	0	40	*	
	结构裂缝	梁体由于受力而产生的裂缝			程度	无	明显	严重	"无"指没有出现结构裂缝；"明显"指结构裂缝宽度未超过允许限值；"严重"指结构裂缝超过允许限值
					扣分值	0	35	*	

续表

要素	原规范损坏类型	原规范定义	建议损坏类型	建议定义	损坏评价				说明
					程度	无	轻微	严重	"无"指裂缝处没有渗水痕迹；"轻微"指裂缝处轻微渗水，深灰痕迹面积不大并不明显；"严重"指裂缝处严重渗水，渗水痕迹面积较大且非常明显
PC 或 RC 梁式构件	裂缝处渗水	梁体裂缝处有渗水痕迹			扣分值	0	15	40	
	桥面贯通横缝	与桥面道路中线大致垂直并且在横向可能贯通整个桥面的裂缝，有时伴少量支缝	桥面横缝		程度	无	非贯通	贯通	裂缝在垂直于桥面道路中线方向的贯通程度
					扣分值	0	25	30	
					扣分值	0	25	45	
横向联系	连接件脱焊松动	连接件从焊接处脱落而产生松动			程度	<5%	5%~10%	>10%	产生脱焊松动的连接件数占连接件总数的百分比
					扣分值	10	15	30	
	连接件断裂	连接件出现断裂			程度	<5%	5%~10%	>10%	产生断裂的连接件数占连接件总数的百分比
					扣分值	15	30	55	
	横隔板网裂面积	横隔板表面网状裂缝的面积			程度	<10%	10%~20%	>20%	横隔板网裂总面积占整个横隔板表面积的百分比
					扣分值	15	25	35	
	横隔板剥落露筋	横隔板表面混凝土剥落出内嵌的钢筋			程度	<5%	5%~10%	>10%	横隔板剥落露筋占整个横隔板表面积的百分比
					扣分值	10	20	30	
	梁体异常振动	梁体出现非常长的振动			程度	无	轻微	严重	"无"指梁体没有异常振动；"轻微"指梁体有轻微的异常振动，这种振动不易被感知；"严重"指梁体出现明显的异常振动
					扣分值	0	30	*	

续表

要素	原规范损坏类型	原规范定义	建议损坏类型	建议定义	损坏评价				说明
					程度	无	有	严重	"无"指桥梁结构没有落梁趋势;"有"指桥梁结构有落梁的趋势,但暂时还没有危及桥梁的结构安全;"严重"指桥梁结构有落梁的趋势,且严重危及桥梁结构的安全
防落梁装置	有无落梁趋势	由于防落梁装置的作用而使梁体有或无落梁的趋势			扣分值	0	35	*	
	牛腿表面损伤	防落梁装置牛腿表面被损坏			程度	无	剥离	锈蚀	"无"指牛腿表面没有损伤;"剥离"指牛腿表面混凝土破损脱落,但没有露出内嵌的钢筋;"锈蚀"指牛腿表面混凝土破损脱落,露出内嵌的钢筋并且钢筋产生锈蚀
					扣分值	0	25	60	
	伸缩缝处渗水	防落梁伸缩缝处有渗水的痕迹			程度	无	轻微	严重	"无"伸缩缝处没有渗水痕迹;"轻微"伸缩缝处轻微渗水,渗水横截面积不大且不明显;"严重"指伸缩缝处严重渗水,渗水横截面积较大且非常明显
					扣分值	0	15	25	
	钢锚板锈蚀	防落梁装置上起锚固作用的钢板			程度	完好	锈蚀	锈蚀且削弱截面	"完好"指钢毛板没有出现任何损坏;"锈蚀"指钢锚板锈蚀不严重,只是表面出现锈斑;"锈蚀且削弱截面"指钢锚板锈蚀严重,锈蚀位置因生锈腐蚀而变薄
					扣分值	0	20	40	

续表

要素	原规范损坏类型	原规范定义	建议损坏类型	建议定义	损坏评价			说明
台帽盖梁	表面裂缝	台帽盖梁表面产生网状裂缝			程度	<3%	3%~10%	>10%	网状裂缝的总面积占整个台帽盖梁表面积的百分比
					扣分值	8	15	25	
	混凝土剥离	台帽盖梁表面混凝土破裂脱落			程度	<1%	1%~2%	>2%	混凝土剥离的总面积占整个台帽盖梁表面积的百分比
					扣分值	12	20	30	
	露筋锈蚀	台帽盖梁表面混凝土脱落后露出内嵌的钢筋并且钢筋产生锈蚀			程度	<1%	1%~2%	>2%	露筋锈蚀的总面积占整个台帽盖梁表面的百分比
					扣分值	10	15	25	
	结构裂缝	台帽盖梁由于受力而产生裂缝			程度	无	明显	严重	"无"指没有出现结构裂缝;"明显"指结构裂缝宽度未超过允许限值;"严重"指结构裂缝宽度大于允许限值
					扣分值	0	20	30	
	裂缝处渗水	台帽盖梁裂缝处有渗水痕迹			程度	无	轻微	严重	"无"指裂缝处没有渗水痕迹;"轻微"指裂缝轻微渗水,渗水痕迹面积不大且不明显;"严重"指裂缝严重渗水,渗水痕迹面积较大且非常明显
					扣分值	0	15	40	
	墩台成块脱落	台帽盖梁墩台表面混凝土成块破损并脱落			程度	<1%	1%~2%	>2%	墩台成块脱落的总面积占整个台帽盖梁的表面积的百分比
					扣分值	5	15	25	
墩台身	墩身水平裂缝	桥墩表面出现与水平面大致平行的裂缝			程度	无	非贯通	贯通	"无"指墩身没有水平裂缝;"非贯通"指墩身的水平裂缝没有相互连接形成环绕整个墩身的水平贯通裂缝;"贯通"指一定数量的墩身水平裂缝相互连接形成环绕整个墩身的水平贯通裂缝
					扣分值	0	20	40	

附表 | 131

续表

要素	原规范损坏类型	原规范定义	建议损坏类型	建议定义	损坏评价				说明
					程度	无	非贯通	贯通	"无"指墩身没有纵向裂缝;"非贯通"指墩身的纵向裂缝没有相互连接形成自上而下贯通整个墩身的裂缝"贯通"指一定数量的墩身纵向裂缝相互连接形成自上而下贯通整个墩身的裂缝
墩台身	墩身纵向裂缝	桥墩表面出现与水平面大致垂直的裂缝			扣分值	0	10	25	
	框架式节点裂缝	墩台身上框架式的节点开裂			程度	完好	微裂	贯通	"完好"指框架式节点没有出现任何损坏,"微裂"指框架式节点上出现轻微的裂缝;"贯通"指框架式节点上出现贯通的裂缝
					扣分值	0	15	35	
	桥墩位置	桥墩的位置形态			程度	正确	倾斜	严重倾斜	"正确"指桥墩位置形态一切正常;"倾斜"指桥墩出现一定的倾斜,无倾覆的危险"严重倾斜"指桥墩倾斜严重,有倾覆的危险
					扣分值	0	30	*	
	露筋锈蚀	墩台身表面混凝土脱落后露出内嵌的钢筋并且钢筋产生锈蚀			程度	<1%	1%～2%	>2%	露筋锈蚀的总面积占整个墩台身表面的百分比
					扣分值	10	25	50	
	空洞、孔洞*	钢筋混凝土材料梁表面空洞、孔洞			程度	<5%	5%～15%	>15%	产生空洞、孔洞的面积占整个梁底表面积的百分比
					扣分值	10	35	65	

续表

要素	原规范损坏类型	原规范定义	建议损坏类型	建议定义	损坏评价			说明
墩台身		其他病害	涂装损坏	箱梁涂装损坏	程度	<5%	5%~10%	>10%	涂装损坏的总面积占整个箱梁涂装面积的百分比
					扣分值	5	10	20	
			通风孔堵塞	箱梁底板通风孔堵塞	程度	无	1个	1个以上	通风孔堵塞的个数
					扣分值	0	15	50	
			生物病害	由植物或人的行为对桥梁造成的影响	程度	无	轻微	严重	"无"指几乎没有生物病害；"少量"指有少量的生物病害；"严重"指有大量的生物病害
					扣分值	0	5	15	
	剥落、掉角*		墩台身剥落、掉角		程度	<20%	20%~50%	>50%	产生剥落、掉角的面积占墩台身总面积的百分比
					扣分值	10	20	30	
	蜂窝、麻面*		墩台身蜂窝、麻面		程度	≤5%	5%~15%	>15%	产生蜂窝、麻面的面积占墩台身总面积的百分比
					扣分值	10	20	30	
	一般锈蚀	墩台身钢结构物表面出现锈蚀	墩台身一般锈蚀	墩台身钢结构物表面出现锈蚀	程度	无	<10%	>10%	一般锈蚀的总面积占整个钢结构物表面积的百分比
					扣分值	0	25	45	
支座检查	固定螺栓		支座固定螺栓缺损		程度	完好	松动	锈蚀	"完好"指支座固定螺栓没有出现任何损坏；"松动"指支座固定螺栓出现松动；"锈蚀"指支座固定螺栓产生锈蚀
					扣分值	0	20	30	

续表

要素	原规范损坏类型	原规范定义	建议损坏类型	建议定义	损坏评价				说明
支座检查	变色起皮	支座涂层出现裂缝、起泡、漆膜发黏、针孔、起皱或皱纹、表面粉化、变色起皮、脱落			程度	无	≤30%	>30%	变色起皮的总面积站整个钢结构物表面积的百分比
					扣分值	0	15	30	
	剥落、掉角*	支座底板混凝土剥落、掉角			程度	<20%	20%～50%	>50%	产生剥落、掉角的面积占支座底板混凝土总面积的百分比
					扣分值	10	20	30	
	蜂窝、麻面*	支座底板混凝土蜂窝、麻面			程度	<5%	5%～15%	>15%	产生蜂窝、麻面的面积占支座底板混凝土总面积的百分比
					扣分值	10	20	30	
	钢构件	支座钢构件缺损			程度	完好	松动	锈蚀	"完好"指钢构件完好，没有出现任何损坏；"松动"指钢构件出现松动；"锈蚀"指支座产生锈蚀
					扣分值	0	40	65	
	支座稳定性异常	支座的支撑稳定性			程度	稳定	不稳	落梁危险	"稳定"指支座对梁的支承很稳定；"不稳"指支座对梁的支承不是很稳定，有一定的松动；"落梁危险"指支座对梁的支承很不稳定，有落梁的危险
					支座与垫石脱空	0	40	*	

续表

要素	原规范损坏类型	原规范定义	建议损坏类型	建议定义	损坏评价				说明
					程度	完好	变形	开裂	
	支座变形、开裂	支座上的橡胶构件缺损			扣分值	0	15	40	"完好"指支座没有出现任何损坏;"变形"指支座变形超过设计允许值;"开裂"指支座有裂缝

注：（1）表中带*项表示养护的城市桥梁的构件达到该损坏程度时，扣分值按80分计算，该桥的评定等级不应高于D级；（2）表中以蓝色突出显示的部分是根据桥梁结构病害历史统计而新增病害扣分项；（3）《城市桥梁养护技术标准》（CJJ 99—2017）扣分值中列出了关于人行天桥、拱桥各个构件的扣分规则，本文未进行该方面陈述；（4）未列出的病害请参考《城市桥梁养护技术标准》（CJJ 99—2017），本文未作改动。

附表 2　候车站台病害扣分值表

候车站台部位	部位	病害	定义	损坏评价			说明
				程度	轻微	中等	严重	
候车区站台铺装		铺装破损	地面瓷砖等铺装破损	程度	轻微	中等	严重	"轻微"指铺装只有个别破损；"中等"指铺装有20%及以下的破损；"严重"指铺装有20%以上的破损
				扣分值	2	5	10	
附属结构物	护栏/栏杆/挡板	栏杆变形	栏杆变形	程度	轻微	中等	严重	"轻微"指栏杆或护栏只有个别的构件变形；"中等"指栏杆或护栏有20%及以下的构件变形；"严重"指栏杆或护栏有20%以上的构件变形
				扣分值	5	10	15	
		松动错位	原本固定在桥面的栏杆或护栏产生松动或位置错动	程度	轻微	中等	严重	"轻微"指栏杆或护栏只有个别的构件松动或错位；"中等"指栏杆或护栏有20%及以下的构件松动或错位；"严重"指栏杆或护栏有20%以上的构件松动或错位，存在严重的安全隐患
				扣分值	10	30	*	
		丢失残缺、破损	栏杆或护栏的构件损坏后丢失使栏杆或护栏残缺不全	程度	轻微	中等	严重	"轻微"指栏杆或护栏只有个别的构件丢失或残缺；"中等"指栏杆或护栏有≤20%的构件丢失或残缺；"严重"指栏杆或护栏有20%以上的构件丢失或残缺，存在严重的安全隐患
				扣分值	10	30	*	
		露筋锈蚀	钢筋混凝土材料的栏杆或护栏表面水泥混凝土剥落露出钢筋且钢筋产生锈蚀	程度	<5%	5%～10%	>10%	产生露筋锈蚀的构件数占所有栏杆或护栏构件数的百分比
				扣分值	10	20	40	
		竖向裂缝	钢筋混凝土材料的栏杆或护栏混凝土表面出现裂缝	程度	轻微	中等	明显	"轻微"指栏杆或护栏只有个别出现裂缝；"中等"指栏杆或护栏出现多条裂缝；"明显"指栏杆出现多条裂缝且个别裂缝超过限值
				扣分值	5	10	20	

续表

候车站台部位	部位	病害	定义	损坏评价			说明
附属结构物	排水系统	生物病害	排水设施内长有植物	程度	无	少量	严重	"无"指没有杂草等植物滋生;"少量"指20%及以下的排水设施内有杂草等植物滋生;"严重"指20%以上的排水设施内有杂草等植物滋生
				扣分值	0	5	10	
		残缺脱落	排水设施残缺不全或者脱落	程度	<5%	5%～20%	>20%	残缺脱落的排水设施数占排水设施总数的百分比
				扣分值	10	20	40	
		泄水管阻塞	垃圾泥土等杂物造成泄水管阻塞	程度	<5%	5%～20%	>20%	被阻塞的泄水管数占所有泄水管总数的百分比
				扣分值	10	40	80	
		锈蚀	泄水管等排水设施产生锈蚀	程度	<5%	5%～20%	>20%	产生锈蚀的排水设施数量占总的排水设施数量的百分比
				扣分值	10	20	30	
	候车区雨棚	剥落	钢结构管棚表面油漆剥落	程度	无	≤10%	>10%	剥落面积占整个管棚表面积的百分比
				扣分值	0	25	45	
		一般锈蚀	钢结构管棚表面出现锈斑	程度	无	≤10%	>10%	一般锈蚀面积占整个钢结构物表面积的百分比
				扣分值	0	20	40	
		变形	杆件的弯曲变形和板件凹凸等变形情况	程度	无	轻微	严重	"无"指没有杆件或板件变形;"轻微"指部分杆件或板件轻微变形;"严重"指杆件或板件严重变形
				扣分值	0	30	*	
		铆钉损失	钢结构管棚上的铆钉损坏或丢失	程度	无	≤20%	>20%	损失的铆钉数占铆钉总数的比例
				扣分值	0	40	*	
		螺栓松动	钢结构管棚上的螺栓出现松动	程度	无	少量	大量	"无"指没有螺栓出现松动;"少量"指20%及以下的螺栓出现松动;"严重"指20%以上的螺栓出现松动
				扣分值	0	20	*	

续表

候车站台部位	部位	病害	定义	损坏评价			说明
				程度	无	少量	严重	
附属结构物	候车区雨棚	焊缝裂纹	钢结构物上的焊缝出现裂纹	程度	无	少量	严重	"无"指焊缝没有裂纹;"少量"指有10%及以下的焊缝出现裂纹;"严重"指10%以上的焊缝有裂纹
				扣分值	0	15	*	
		变色起皮	钢结构表面油漆变色或者漆皮隆起	程度	无	≤30%	>30%	钢结构物表面油漆变色或漆皮隆起面积占整个钢结构物表面积的百分比
				扣分值	0	15	30	
		雨棚板老化、破损	雨棚板老化、破损	程度	无	≤20%	>20%	雨棚板破损或者老化表面面积占整个雨棚面积的百分比
				扣分值	0	15	30	
候车站台主体结构（现浇箱梁）		剥落、掉角	混凝土剥落、掉角	程度	<5%	5%~15%	≥15%	产生剥落、掉角的面积占候车站台混凝土表面积的百分比
				扣分值	10	20	30	
		蜂窝、麻面	混凝土蜂窝、麻面	程度	<20%	20%~50%	>50%	产生蜂窝、麻面的面积占候车站台混凝土表面积的百分比
				扣分值	10	20	30	
		空洞、孔洞	混凝土表面空洞、孔洞	程度	≤5%	5%~15%	≥15%	产生空洞、孔洞的面积占候车站台混凝土表面积的百分比
				扣分值	10	35	65	
		混凝土剥离	表面混凝土破裂脱落	程度	<1%	1%~2%	>2%	混凝土剥离的总面积占整个候车站台表面积的百分比
				扣分值	10	25	40	
		表面网状裂缝	混凝土表面出现网状裂缝	程度	<3%	3%~10%	>10%	网状裂缝面积占候车站台表面积的百分比
				扣分值	8	15	25	
		露筋锈蚀	混凝土表面剥落后露出内嵌钢筋并且钢筋产生锈蚀	程度	<1%	1%~2%	>2%	出现露筋锈蚀的总面积占候车站台表面积的百分比
				扣分值	20	40	*	
		变色起皮	表面油漆变色或者漆皮隆起	程度	无	≤30%	>30%	出现变色起皮的面积占梁体表面积的百分比
				扣分值	0	15	30	

注：（1）表中带 * 项表示养护的城市桥梁的构件达到该损坏程度时，扣分值按 80 分计算，该桥的评定等级不应高于 D 级；（2）表中以蓝色突出显示的部分是根据站台结构病害历史统计而新增病害扣分项。

附表 3 售票站厅病害扣分值表

售票站厅部位	部位	病害	定义	损坏评价				说明
				程度	轻微	中等	严重	
附属结构物	站厅铺装	铺装破损	地面瓷砖等铺装破损	扣分值	2	5	10	"轻微"指铺装只有个别破损;"中等"指铺装有20%及以下的破损;"严重"指铺装有20%以上的破损
	栏杆或护栏	栏杆变形	栏杆变形	程度	轻微	中等	严重	"轻微"指栏杆或护栏只有个别的构件变形;"中等"指栏杆或护栏有20%及以下的构件变形;"严重"指栏杆或护栏有20%以上的构件变形
				扣分值	5	10	15	
		松动错位	原本固定站厅的栏杆或护栏产生松动或位置错动	程度	轻微	中等	严重	"轻微"指栏杆或护栏只有个别的构件松动或错位;"中等"指栏杆或护栏有20%及以下的构件松动或错位,存在一定的安全隐患;"严重"指栏杆或护栏有20%以上的构件松动或错位,存在严重的安全隐患
				扣分值	10	30	*	
		丢失残缺	栏杆或护栏的构件损坏后丢失,使栏杆或护栏残缺不全	程度	轻微	中等	严重	"轻微"指栏杆或护栏只有个别的构件丢失或残缺;"中等"指栏杆或护栏有20%及以下的构件丢失或残缺,存在一定的安全隐患;"严重"指栏杆或护栏有20%以上的构件丢失或残缺,存在严重的安全隐患
				扣分值	10	30	*	
		露筋锈蚀	钢筋混凝土材料的栏杆或护栏表面水泥混凝土剥落露出钢筋且钢筋产生锈蚀	程度	<5%	5%~10%	>10%	产生露筋锈蚀的构件数占所有栏杆或护栏构件数的百分比
				扣分值	10	20	40	

续表

售票站厅部位	部位	病害	定义	损坏评价			说明
附属结构物	排水系统	生物病害	排水设施内长有植物	程度	无	少量	严重	"无"指没有杂草等植物滋生;"少量"指20%及以下的排水设施内有杂草等植物滋生;"严重"20%以上的排水设施内有杂草等植物滋生
				扣分值	0	5	10	
		残缺脱落	排水设施残缺不全或者脱落	程度	<5%	5%~20%	>20%	残缺脱落的排水设施数占排水设施总数的百分比
				扣分值	10	20	40	
		泄水管阻塞	垃圾泥土等杂物造成泄水管阻塞	程度	<5%	5%~20%	>20%	被阻塞的泄水管数占泄水管总数的百分比
				扣分值	10	40	80	
售票站厅主体结构	整体钢箱梁	剥落	钢结构物表面油漆剥落	程度	无	≤10%	>10%	剥落面积占整个钢结构物表面积的百分比
				扣分值	0	20	40	
		一般锈蚀	钢结构物表面出现锈斑	程度	无	≤10%	>10%	一般锈蚀面积占整个钢结构物表面积的百分比
				扣分值	0	25	45	
		变色起皮	钢结构表面油漆变色或者漆皮隆起	程度	无	≤30%	>30%	钢结构物表面油漆变色或漆皮隆起面积占整个钢结构物表面积的百分比
				扣分值	0	15	30	
		焊缝裂纹	钢结构物上的焊缝出现裂纹	程度	无	少量	严重	"无"指焊缝没有裂纹;"少量"指10%及以下的焊缝有裂纹;"严重"指10%以上的焊缝有裂纹
				扣分值	0	15	*	
		铆钉损失	钢结构物上的铆钉损坏或丢失	程度	无	≤20%	>20%	损失的铆钉数占铆钉总数的比例
				扣分值	0	40	*	
		螺栓松动	钢结构物上的螺栓出现松动	程度	无	少量	大量	"无"指没有螺栓出现松动;"少量"指20%及以下的螺栓出现松动;"严重"指20%以上的螺栓出现松动
				扣分值	0	20	*	
		渗水	钢结构表面存在水渍痕迹	程度	轻微	中等	严重	"轻微"指钢箱梁表面有10%以下的面积存在水渍痕迹;"中等"指钢箱梁表面有10%~20%的面积存在水渍痕迹;"严重"指钢箱梁表面有20%以上的面积存在水渍痕迹
				扣分值	10	20	30	

续表

售票站厅部位	部位	病害	定义	损坏评价			说明
支承	牛腿	牛腿表面损伤	防落梁装置的牛腿表面被损坏	程度	无	剥离	锈蚀	"无"指牛腿表面没有损伤;"剥离"指牛腿表面混凝土破损脱落;"锈蚀"指牛腿表面混凝土破损脱落,露出内嵌钢筋并且锈蚀
				扣分值	0	25	60	
		表面网状裂缝	混凝土表面出现网状裂缝	程度	<3%	3%~10%	>10%	网状裂缝面积占牛腿表面积的比例
				扣分值	8	15	25	
		蜂窝、麻面	混凝土蜂窝、麻面	程度	≤20%	20%~50%	>50%	产生蜂窝麻面的面积占牛腿表面积的比例
				扣分值	10	20	30	
		剥落、掉角	混凝土剥落、掉角	程度	≤5%	5%~15%	≥15%	产生剥落、掉角的面积占候车站台混凝土表面积的百分比
				扣分值	10	20	30	
	支座	固定螺栓	支座固定螺栓缺损	程度	完好	松动	锈蚀	"完好"指支座固定螺栓没有任何缺损;"松动"指支座固定螺栓出现松动;"锈蚀"指支座固定螺栓出现锈蚀
				扣分值	0	20	30	
		变色起皮	支座表面油漆变色或者漆皮隆起	程度	无	≤30%	>30%	支座表面油漆变色或漆皮隆起面积占整个支座表面积的百分比
				扣分值	0	15	30	
		支座钢构件	支座上钢构件缺损	程度	完好	松动	锈蚀	"完好"指支座固定螺栓没有任何缺损;"松动"指支座固定螺栓出现松动;"锈蚀"指支座固定螺栓出现锈蚀
				扣分值	0	40	65	
		支承稳定性	支座的支承稳定性	程度	稳定	不稳	落梁危险	"稳定"指支座对梁的支承很稳定;"不稳"指支座对梁的支承不是很稳定,有一定的松动;"落梁危险"指支座对梁的支承很不稳定,有落梁的危险
				扣分值	0	40	*	
		支座变形、开裂	支座上橡胶构件缺损	程度	完好	变形	开裂	"完好"指支座没有出现任何损坏;"变形"指支座变形超过设计允许值;"开裂"指支座有裂缝
				扣分值	0	15	40	

注:(1)表中带 * 项表示养护的城市桥梁的构件达到该损坏程度时,扣分值按80分计算,该桥的评定等级不应高于 D 级;(2)表中以蓝色突出显示的部分是根据售票站厅结构病害历史统计而新增病害扣分项。

附表 4　天桥病害扣分值表

天桥	部位	病害	定义	损坏评价				说明
				程度	轻微	中等	严重	
桥面系	天桥铺装	铺装破损	地面瓷砖等铺装破损	程度	轻微	中等	严重	"轻微"指铺装只有个别破损;"中等"指铺装有20%及以下的破损;"严重"指铺装有20%以上的破损
				扣分值	2	5	10	
		栏杆变形	栏杆变形	程度	轻微	中等	严重	"轻微"指栏杆或护栏只有个别的构件变形;"中等"指栏杆或护栏有20%及以下的构件变形;"严重"指栏杆或护栏有20%以上的构件变形
				扣分值	5	10	15	
		松动错位	原本固定在桥面的栏杆或护栏产生松动或位置错动	程度	轻微	中等	严重	"轻微"指栏杆或护栏只有个别的构件松动或错位;"中等"指栏杆或护栏有20%及以下的构件松动或错位,存在一定的安全隐患;"严重"指栏杆或护栏有20%以上的构件松动或错位,存在严重的安全隐患
				扣分值	10	30	*	
		丢失残缺	栏杆或护栏的构件损坏后丢失使栏杆或护栏残缺不全	程度	轻微	中等	严重	"轻微"指栏杆或护栏只有个别的构件丢失或残缺;"中等"指栏杆或护栏有20%及以下的构件丢失或残缺,存在一定的安全隐患;"严重"指栏杆或护栏有20%以上的构件丢失或残缺,存在严重的安全隐患
				扣分值	10	30	*	
	排水系统	生物病害	排水设施内长有植物	程度	无	少量	严重	"无"指没有杂草等植物滋生;"少量"指有20%及以下的排水设施内有杂草等植物滋生;"严重"指20%以上的排水设施内有杂草等植物滋生
				扣分值	0	5	10	
		残缺脱落	排水设施残缺不全或者脱落	程度	<5%	5%～20%	>20%	残缺脱落的排水设施数占排水设施总数的百分比
				扣分值	10	20	40	
		泄水管阻塞	垃圾泥土等杂物造成泄水管阻塞	程度	<5%	5%～20%	>20%	被阻塞的泄水管数占泄水管总数的百分比
				扣分值	10	40	80	

续表

天桥	部位	病害	定义	损坏评价			说明
上部结构	钢箱梁	剥落	钢结构物表面油漆剥落	程度	无	≤10%	>10%	剥落面积占整个钢结构物表面积的百分比
				扣分值	0	20	40	
		一般锈蚀	钢结构物表面出现锈斑	程度	无	≤10%	>10%	一般锈蚀面积占整个钢结构物表面积的百分比
				扣分值	0	25	45	
		变色起皮	钢结构表面油漆变色或者漆皮隆起	程度	无	≤30%	>30%	钢结构物表面油漆变色或漆皮隆起面积占整个钢结构物表面积的百分比
				扣分值	0	15	30	
		焊缝裂纹	钢结构物上的焊缝出现裂纹	程度	无	少量	严重	"无"指焊缝没有裂纹；"少量"指有10%及以下的焊缝有裂纹；"严重"指焊缝有10%以上的裂纹
				扣分值	0	15	*	
		焊缝开裂	钢结构物上的焊缝开裂	程度	无	少量	严重	"无"指焊缝没有出现开裂；"少量"指有10%及以下的焊缝开裂；"严重"指有10%以上的焊缝出现开裂
				扣分值	0	65	*	
		铆钉损失	钢结构物上的铆钉损坏或丢失	程度	无	≤20%	>20%	损失的铆钉数占铆钉总数的比例
				扣分值	0	40	*	
		螺栓松动	钢结构物上的螺栓出现松动	程度	无	少量	大量	"无"指没有螺栓出现松动；"少量"指20%及以下的螺栓出现松动；"严重"指20%以上的螺栓出现松动
				扣分值	0	20	*	
		渗水	钢结构表面存在水渍痕迹	程度	轻微	中等	严重	"轻微"指钢箱梁表面有10%以下的面积存在水渍痕迹；"中等"指钢箱梁表面有10%~20%的面积存在水渍痕迹；"严重"指钢箱梁表面有20%以上的面积存在水渍痕迹
				扣分值	10	20	30	

续表

天桥	部位	病害	定义	损坏评价			说明
上部结构	人行步梯主梁	一般锈蚀	钢结构物表面出现锈斑	程度	无	≤10%	>10%	一般锈蚀面积占整个钢结构物表面积的百分比
				扣分值	0	25	45	
		剥落	钢结构物表面油漆剥落	程度	无	≤10%	>10%	剥落面积占钢结构物表面积的百分比
				扣分值	0	20	40	
		变色起皮	钢结构表面油漆变色或者漆皮隆起	程度	无	≤30%	>30%	钢结构物表面油漆变色或漆皮隆起面积占整个钢结构物表面积的百分比
				扣分值	0	15	30	
		焊缝裂纹	钢结构物上的焊缝出现裂纹	程度	无	少量	严重	"无"指焊缝没有裂纹;"少量"指10%及以下的焊缝有裂纹的焊缝"严重"指10%以上的焊缝有裂纹
				扣分值	0	15	*	
		铆钉损失	钢结构物上的铆钉损坏或丢失	程度	无	≤20%	>20%	损失的铆钉数占所有铆钉总数的比例
				扣分值	0	40	*	
		螺栓松动	钢结构物上的螺栓出现松动	程度	无	少量	大量	"无"指没有螺栓出现松动;"少量"指20%及以下的螺栓出现松动;"严重"指20%以上的螺栓出现松动
				扣分值	0	20	*	
		渗水	钢结构物表面存在水渍痕迹	程度	轻微	中等	严重	"轻微"指钢箱梁表面有10%以下的面积存在水渍痕迹;"中等"指钢箱梁表面有10%~20%的面积存在水渍痕迹;"严重"指钢箱梁表面有20%以上的面积存在水渍痕迹
				扣分值	10	20	30	
	护栏/栏杆/挡板	栏杆变形	栏杆变形	程度	轻微	中等	严重	"轻微"指栏杆或护栏只有个别的构件变形;"中等"指栏杆或护栏有20%及以下的构件变形;"严重"指栏杆或护栏有20%以上的构件变形
				扣分值	5	10	15	
		栏杆锈蚀	钢结构栏杆表面锈蚀	程度	轻微	中等	严重	"轻微"指栏杆或护栏只有个别的构件锈蚀;"中等"指栏杆或护栏有20%及以下的构件锈蚀;"严重"指栏杆或护栏有20%以上的构件锈蚀
				扣分值	10	20	30	

续表

天桥	部位	病害	定义	损坏评价			说明
上部结构	人行步梯主梁	一般锈蚀	钢结构物表面出现锈斑	程度	无	≤10%	>10%	一般锈蚀面积占整个钢结构物表面积的百分比
				扣分值	0	25	45	
		剥落	钢结构物表面油漆剥落	程度	无	≤10%	>10%	剥落面积占钢结构物表面积的百分比
				扣分值	0	20	40	
		变色起皮	钢结构表面油漆变色或者漆皮隆起	程度	无	≤30%	>30%	钢结构物表面油漆变色或漆皮隆起面积占整个钢结构物表面积的百分比
				扣分值	0	15	30	
		焊缝裂纹	钢结构物上的焊缝出现裂纹	程度	无	少量	严重	"无"指焊缝没有裂纹;"少量"指10%及以下的焊缝有裂纹;"严重"指10%以上的焊缝有裂纹
				扣分值	0	15	*	
		铆钉损失	钢结构物上的铆钉损坏或丢失	程度	无	≤20%	>20%	损失的铆钉数占所有铆钉总数的比例
				扣分值	0	40	*	
		螺栓松动	钢结构物上的螺栓出现松动	程度	无	少量	大量	"无"指没有螺栓出现松动;"少量"指20%及以下的螺栓出现松动;"严重"指20%以上的螺栓出现松动
				扣分值	0	20	*	
		渗水	钢结构物表面存在水渍痕迹	程度	轻微	中等	严重	"轻微"指钢箱梁表面有10%及以下的面积存在水渍痕迹;"中等"指钢箱梁表面有10%~20%的面积存在水渍痕迹;"严重"指钢箱梁表面有20%以上的面积存在水渍痕迹
				扣分值	10	20	30	
	护栏/栏杆/挡板	栏杆变形	栏杆变形	程度	轻微	中等	严重	"轻微"指栏杆或护栏只有个别的构件变形;"中等"指栏杆或护栏有20%及以下的构件变形;"严重"指栏杆或护栏有20%以上的构件变形
				扣分值	5	10	15	
		栏杆锈蚀	钢结构栏杆表面锈蚀	程度	轻微	中等	严重	"轻微"指栏杆或护栏只有个别的构件锈蚀;"中等"指栏杆或护栏有20%及以下的构件锈蚀;"严重"指栏杆或护栏有20%以上的构件锈蚀

续表

天桥	部位	病害	定义	损坏评价				说明
				程度	轻微	中等	严重	
上部结构	护栏/栏杆/挡板	松动错位	原本固定在桥面的栏杆或护栏产生松动或位置错动	扣分值	10	30	*	"轻微"指栏杆或护栏只有个别的构件松动或错位;"中等"指栏杆或护栏有20%及以下的构件松动或错位,存在一定的安全隐患;"严重"指栏杆或护栏有20%以上的构件松动或错位,存在严重的安全隐患
				程度	轻微	中等	严重	
		丢失残缺、破损	栏杆或护栏的构件损坏后丢失使栏杆或护栏残缺不全	扣分值	10	30	*	"轻微"指栏杆或护栏只有个别的构件丢失或残缺;"中等"指栏杆或护栏有20%及以下的构件丢失或残缺,存在一定的安全隐患;"严重"指栏杆或护栏有20%以上的构件丢失或残缺,存在严重的安全隐患
	踏步铺装	破损	步梯踏步破损	程度	轻微	中等	严重	"轻微"指步梯个别踏步破损;"中等"指步梯有10%及以下的踏步破损;"严重"指步梯有10%以上的踏步破损
				扣分值	10	20	30	
下部结构	支座	固定螺栓	支座固定螺栓缺损	程度	完好	松动	锈蚀	"完好"指支座固定螺栓没有任何缺损;"松动"指支座固定螺栓出现松动;"锈蚀"指支座固定螺栓出现锈蚀
				扣分值	0	20	30	
		变色起皮	支座表面油漆变色或者漆皮隆起	程度	无	<30%	>30%	支座表面油漆变色或漆皮隆起面积占整个支座表面积的百分比
				扣分值	0	15	30	
		剥落、掉角	支座底板混凝土剥落、掉角	程度	≤5%	5%～15%	≥15%	产生剥落、掉角的面积占支座底板混凝土总面积的百分比
				扣分值	10	20	30	
		蜂窝、麻面	支座底板混凝土蜂窝、麻面	程度	≤20%	20%～50%	≥50%	产生蜂窝、麻面的面积占支座底板混凝土总面积的百分比
				扣分值	10	20	30	
		空洞、孔洞	支座底板混凝土表面空洞、孔洞	程度	≤5%	5%～15%	≥15%	产生空洞、孔洞的面积占支座底板混凝土总面积的百分比
				扣分值	10	35	65	

续表

天桥	部位	病害	定义	损坏评价				说明
				程度	完好	松动	锈蚀	"完好"指钢支座完好，没有出现任何损坏；"松动"指钢支座出现松动；"锈蚀"指钢支座产生锈蚀
		钢支座	钢材料类支座	扣分值	0	40	65	
				程度	稳定	不稳	落梁危险	"稳定"指支座对梁的支承很稳定；"不稳"指支座对梁的支承不是很稳定，有一定的松动；"落梁危险"指支座对梁的支撑很不稳定，有落梁的危险
	支座	支承稳定性	支座的支承稳定性	扣分值	0	40	*	
				程度	完好	变形	开裂	"完好"指支座没有出现任何损坏；"变形"指支座变形超过设计允许值；"开裂"指支座有裂缝
		支座变形、开裂	支座上橡胶构件缺损	扣分值	0	15	40	
下部结构				程度	无	轻微	严重	"无"指支座钢构件没有锈蚀；"轻微"指支座钢构件有10%及以下的面积锈蚀；"严重"指支座上的钢构件有10%以上的面积发生锈蚀
		锈蚀	支座上钢构件锈蚀	扣分值	0	20	30	
				程度	正确	倾斜	严重倾斜	"正确"指桥墩位置形态一切正常；"倾斜"指支墩出现一定倾斜，无倾覆危险；"严重倾斜"指支墩倾斜严重，有倾覆危险
		支墩位置	支墩的位置形态	扣分值	0	30	*	
				程度	无	≤10%	>10%	剥落面积占整个钢结构物表面积的百分比
		剥落	支墩钢管表面油漆剥落	扣分值	0	20	40	
	支墩			程度	无	≤10%	>10%	一般锈蚀面积占整个钢结构物表面积的百分比
		一般锈蚀	支墩钢管表面出现锈斑	扣分值	0	25	45	
				程度	无	≤30%	>30%	钢结构物表面油漆变色或漆皮隆起面积占整个钢结构物表面积的百分比
		变色起皮	支墩钢管表面油漆变色或者漆皮隆起	扣分值	0	15	30	
				程度	无	轻微	严重	"无"指支墩钢管与混凝土没有脱空；"轻微"指支墩钢管与内部混凝土脱空面积小于或等于20%；"严重"指支墩钢管与内部混凝土脱空面积大于20%
		脱空	支墩钢管与内部混凝土脱空	扣分值	0	30	60	

续表

天桥	部位	病害	定义	损坏评价			说明
				程度	完好	直径减小	锈蚀	
下部结构	基础	混凝土桩	桥梁基础下混凝土桩的情况	程度	完好	直径减小	锈蚀	"完好"指混凝土桩完好无损;"直径减小"指混凝土桩被损坏而使其直径减小,但未露钢筋;"锈蚀"指混凝土桩被损坏露出内嵌的钢筋且钢筋发生锈蚀
				扣分值	0	30	40	
		基础移动	桥梁基础的位置形态	程度	无	倾斜	坍塌变形	"无"指基础没有出现任何移动;"倾斜"指基础出现轻微倾斜,但还没有出现坍塌变形;"坍塌变形"指基础倾斜严重,出现坍塌变形
				扣分值	0	30	*	

注:(1)表中带 * 项表示养护的城市桥梁的构件达到该损坏程度时,扣分值按80分计算,该桥的评定等级不应高于 D 级;(2)表中以蓝色突出显示的部分是根据天桥结构病害历史统计而新增病害扣分项。

附表5 自动扶梯病害扣分值表

自动扶梯部位	部位	病害	定义	损坏评价			说明
支承	钢牛腿	一般锈蚀	钢牛腿表面出现锈斑	程度	无	≤10%	>10%	一般锈蚀面积占整个钢结构物表面积的百分比
				扣分值	0	25	45	
		变色起皮	钢牛腿表面油漆变色或者漆皮隆起	程度	无	≤30%	>30%	钢牛腿表面油漆变色或漆皮隆起面积占整个钢结构物表面积的百分比
				扣分值	0	15	30	
		铆钉损失	钢牛腿上的铆钉损坏或丢失	程度	无	≤20%	>20%	损失的铆钉数占所有铆钉总数的比例
				扣分值	0	40	*	
		螺栓松动	钢牛腿上的螺栓出现松动	程度	无	少量	大量	"无"指没有螺栓出现松动;"少量"指20%及以下的螺栓出现松动;"严重"指20%以上的螺栓出现松动
				扣分值	0	20	*	
		支承稳定性	牛腿的支承稳定性	程度	稳定	不稳	坠落危险	"稳定"指支座对自动扶梯的支承很稳定;"不稳"指支座对自动扶梯的支承不是很稳定,有一定的松动;"坠落危险"指支座对自动扶梯的支承很不稳定,有坠落的危险
				扣分值	0	40	*	

续表

自动扶梯部位	部位	病害	定义	损坏评价				说明
				程度	完好	松动	锈蚀	"完好"指钢支座完好，没有出现任何损坏；"松动"指钢支座出现松动；"锈蚀"指钢支座产生锈蚀
支承	支座	钢支座	钢支座缺损	扣分值	0	40	65	
				程度	稳定	不稳	坠落危险	"稳定"指支座的支承很稳定；"不稳"指支座的支承不是很稳定，有一定的松动；"坠落危险"指支座的支承很不稳定，有坠落的危险
		支承稳定性	支座的支承稳定性	扣分值	0	40	*	
	支墩	支墩位置	支墩的位置形态	程度	正确	倾斜	严重倾斜	"正确"指桥墩位置形态一切正常；"倾斜"指支墩出现一定倾斜，无倾覆危险；"严重倾斜"指支墩倾斜严重，有倾覆危险
				扣分值	0	30	*	
		剥落	钢结构物表面油漆剥落	程度	无	≤10%	>10%	剥落面积占整个钢结构物表面积的百分比
				扣分值	0	20	40	
		一般锈蚀	钢结构物表面出现锈斑	程度	无	≤10%	>10%	一般锈蚀面积占整个钢结构物表面积的百分比
				扣分值	0	25	45	
		脱空	支墩钢管与内部混凝土脱空	程度	无	轻微	严重	"无"指支墩钢管与混凝土没有脱空；"轻微"指支墩钢管与内部混凝土脱空面积小于或等于20%；"严重"指支墩钢管与内部混凝土脱空面积大于20%
				扣分值	0	30	60	
	梯台	蜂窝、麻面	混凝土蜂窝、麻面	程度	<20%	20%~50%	>50%	产生蜂窝、麻面的面积占梯台混凝土总面积的百分比
				扣分值	10	20	30	
		空洞、孔洞	混凝土表面空洞、孔洞	程度	<5%	5%~15%	>15%	产生空洞、孔洞的面积占梯台混凝土总面积的百分比
				扣分值	10	35	65	
		表面网状裂缝	混凝土表面出现网状裂缝	程度	<3%	3%~10%	>10%	网状裂缝面积占候车站台表面积的百分比
				扣分值	8	15	25	
		露筋锈蚀	混凝土表面剥落后露出内嵌钢筋并且钢筋产生锈蚀	程度	<1%	1%~2%	>2%	出现露筋锈蚀的总面积占梯台表面积的百分比
				扣分值	10	15	25	

附表 | 149

续表

自动扶梯部位	部位	病害	定义	损坏评价			说明
支承	剥落、掉角	混凝土剥落、掉角		程度	<5%	5%~15%	>15%	产生剥落、掉角的面积占候车站台混凝土表面积的百分比
				扣分值	10	20	30	
	渗水	梯台表面存在水渍痕迹		程度	轻微	中等	严重	"轻微"指梯台表面有10%以下的面积存在水渍痕迹;"中等"指梯台表面有10%~20%的面积存在水渍痕迹;"严重"指梯台表面有20%以上的面积存在水渍痕迹
				扣分值	10	20	30	

注:(1)表中带*项表示养护的城市桥梁的构件达到该损坏程度时,扣分值按80分计算,该桥的评定等级不应高于D级;(2)表中以蓝色突出显示的部分是根据自动扶梯结构病害历史统计而新增病害扣分项。

附表6 步梯病害扣分值表

步梯部位	部位	病害	定义	损坏评价			说明
步梯主体结构	主梁横梁纵梁系杆钢制踏步	一般锈蚀	钢结构物表面出现锈斑	程度	无	≤10%	>10%	一般锈蚀面积占整个钢结构物表面积的百分比
				扣分值	0	25	45	
		剥落	钢结构物表面油漆剥落	程度	无	≤10%	>10%	剥落面积占钢结构物表面积的百分比
				扣分值	0	20	40	
		变色起皮	钢结构物表面油漆变色或者漆皮隆起	程度	无	≤30%	>30%	钢结构物表面油漆变色或漆皮隆起面积占整个钢结构物表面积的百分比
				扣分值	0	15	30	
		焊缝裂纹	钢结构物上的焊缝出现裂纹	程度	无	少量	严重	"无"指焊缝没有裂纹;"少量"指10%及以下的焊缝有裂纹;"严重"指10%以上的焊缝有裂纹
				扣分值	0	15	*	
		铆钉损失	钢结构物上的铆钉损坏或丢失	程度	无	≤20%	>20%	损失的铆钉数占铆钉总数的比例
				扣分值	0	40	*	

续表

步梯部位	部位	病害	定义	损坏评价				说明
步梯主体结构		螺栓松动	钢结构物上的螺栓出现松动	程度	无	少量	大量	"无"指没有螺栓出现松动；"少量"指20%及以下的螺栓出现松动；"严重"指20%以上的螺栓出现松动
				扣分值	0	20	*	
		渗水	钢结构物表面存在水渍痕迹	程度	轻微	中等	严重	"轻微"指钢箱梁表面有10%以下的面积存在水渍痕迹；"中等"指钢箱梁表面有10%～20%的面积存在水渍痕迹；"严重"指钢箱梁表面有20%以上的面积存在水渍痕迹
				扣分值	10	20	30	
	护栏/栏杆/挡板	栏杆变形	栏杆变形	程度	轻微	中等	严重	"轻微"指栏杆或护栏只有个别的构件变形；"中等"指栏杆或护栏有20%及以下的构件变形；"严重"指栏杆或护栏有20%以上的构件变形
				扣分值	5	10	15	
		栏杆锈蚀	钢结构栏杆表面锈蚀	程度	轻微	中等	严重	"轻微"指栏杆或护栏只有个别的构件锈蚀；"中等"指栏杆或护栏有20%及以下的构件锈蚀；"严重"指栏杆或护栏有20%以上的构件锈蚀
				扣分值	10	20	30	
		松动错位	原本固定在桥面的栏杆或护栏产生松动或位置错动	程度	轻微	中等	严重	"轻微"指栏杆或护栏只有个别的构件松动或错位；"中等"指栏杆或护栏有20%及以下的构件松动或错位，存在一定的安全隐患；"严重"指栏杆或护栏有20%以上的构件松动或错位，存在严重的安全隐患
				扣分值	10	30	*	
		丢失残缺、破损	栏杆或护栏的构件损坏后丢失使栏杆或护栏残缺不全	程度	轻微	中等	严重	"轻微"指栏杆或护栏只有个别的构件丢失或残缺；"中等"指栏杆或护栏有20%及以下的构件丢失或残缺，存在一定的安全隐患；"严重"指栏杆或护栏有20%以上的构件丢失或残缺，存在严重的安全隐患
				扣分值	10	30	*	

续表

步梯部位	部位	病害	定义	损坏评价			说明
				程度	轻微	中等	严重	"轻微"指步梯个别踏步破损;"中等"指步梯有10%的踏步破损;"严重"指步梯有10%以上的踏步破损
步梯主体结构	踏步铺装	破损	步梯踏步破损	扣分值	10	20	30	
		一般锈蚀	钢结构物表面出现锈斑	程度	无	≤10%	>10%	一般锈蚀面积占整个钢结构物表面积的百分比
				扣分值	0	25	45	
支承	钢牛腿	变色起皮	钢结构表面油漆变色或者漆皮隆起	程度	无	≤30%	>30%	钢结构物表面油漆变色或漆皮隆起面积占整个钢结构物表面积的百分比
				扣分值	0	15	30	
		铆钉损失	钢结构物上的铆钉损坏或丢失	程度	无	≤20%	>20%	损失的铆钉数占所有铆钉总数的比例
				扣分值	0	40	*	
		固定螺栓	钢牛腿上固定螺栓缺损	程度	完好	松动	锈蚀	"完好"指支座固定螺栓没有任何缺损,"松动"支座固定螺栓出现松动,"锈蚀"指支座固定螺栓出现锈蚀
				扣分值	0	20	30	
		支承稳定性	支座的支承稳定性	程度	稳定	不稳	落梁危险	"稳定"指支座对梁的支承很稳定;"不稳"指支座对梁的支承不是很稳定,有一定的松动;"落梁危险"指支座对梁的支撑很不稳定,有落梁的危险
				扣分值	0	40	*	
	支座	固定螺栓	支座固定螺栓缺损	程度	完好	松动	锈蚀	"完好"指支座固定螺栓没有任何缺损;"松动"支座固定螺栓出现松动;"锈蚀"指支座固定螺栓出现锈蚀
				扣分值	0	20	30	
		变色起皮	支座表面油漆变色或者漆皮隆起	程度	无	≤30%	>30%	支座表面油漆变色或漆皮隆起面积占整个支座表面积的百分比
				扣分值	0	15	30	
		钢支座	钢支座缺损	程度	完好	松动	锈蚀	"完好"指钢支座完好,没有出现任何损坏;"松动"指钢支座出现松动;"锈蚀"指钢支座产生锈蚀
				扣分值	0	40	65	
		支承稳定性	支座的支承稳定性	程度	稳定	不稳	落梁危险	"稳定"指支座对梁的支承很稳定;"不稳"指支座对梁的支承不是很稳定,有一定的松动;"落梁危险"指支座对梁的支撑很不稳定,有落梁的危险
				扣分值	0	40	*	

续表

步梯部位	部位	病害	定义	损坏评价				说明
				程度	完好	变形	开裂	"完好"指支座没有出现任何损坏;"变形"指支座变形超过设计允许值;"开裂"指支座有裂缝
		支座变形、开裂	支座上橡胶构件缺损	扣分值	0	15	40	
	支座			程度	正确	倾斜	严重倾斜	"正确"指桥墩位置形态一切正常;"倾斜"指支墩出现一定倾斜,无倾覆危险;"严重倾斜"指支墩倾斜严重,有倾覆危险
		支墩位置	支墩的位置形态	扣分值	0	30	*	
支承		剥落	支墩钢管表面油漆剥落	程度	无	≤10%	>10%	剥落面积占整个钢结构物表面积的百分比
				扣分值	0	20	40	
		一般锈蚀	钢结构物表面出现锈斑	程度	无	≤10%	>10%	一般锈蚀面积占整个钢结构物表面积的百分比
				扣分值	0	25	45	
	支墩	变色起皮	钢结构表面油漆变色或者漆皮隆起	程度	无	≤30%	>30%	钢结构物表面油漆变色或漆皮隆起面积占整个钢结构物表面积的百分比
				扣分值	0	15	30	
		脱空	支墩钢管与内部混凝土脱空	程度	无	轻微	严重	"无"指支墩钢管与混凝土没有脱空;"轻微"指支墩钢管与内部混凝土脱空面积小于或等于20%;"严重"指支墩钢管与内部混凝土脱空面积大于20%
				扣分值	0	30	60	
		蜂窝、麻面	混凝土蜂窝、麻面	程度	<20%	20%~50%	>50%	产生蜂窝、麻面的面积占梯台混凝土总面积的百分比
				扣分值	10	20	30	
		空洞、孔洞	混凝土表面空洞、孔洞	程度	<5%	5%~15%	>15%	产生空洞、孔洞的面积占梯台混凝土总面积的百分比
	梯台			扣分值	10	35	65	
		表面网状裂缝	混凝土表面出现网状裂缝	程度	<3%	3%~10%	>10%	网状裂缝面积占候车站台面积的百分比
				扣分值	8	15	25	
		露筋锈蚀	混凝土表面剥落后露出内嵌钢筋并且钢筋产生锈蚀	程度	<1%	1%~2%	>2%	出现露筋锈蚀的总面积占梯台表面积的百分比
				扣分值	10	15	25	

续表

步梯部位	部位	病害	定义	损坏评价			说明
支承	梯台	剥落、掉角	混凝土剥落、掉角	程度	<5%	5%~15%	>15%	产生剥落、掉角的面积占候车站台混凝土表面积的百分比
				扣分值	10	20	30	
		渗水	梯台表面存在水渍痕迹	程度	轻微	中等	严重	"轻微"指梯台表面有小于10%的面积存在水渍痕迹;"中等"指梯台表面有10%~20%的面积存在水渍痕迹;"严重"指梯台表面20%以上的面积存在水渍痕迹
				扣分值	10	20	30	

注:(1)表中带*项表示养护的城市桥梁的构件达到该损坏程度时,扣分值按80分计算,该桥的评定等级不应高于D级;(2)表中以蓝色突出显示的部分是根据步梯结构病害历史统计而新增病害扣分项。

参考文献

[1] 李斯海,等.厦门快速公交BRT建设实践[M].北京：人民交通出版社,2011.
[2] 陆锡明.快速公交系统[M].上海：同济大学出版社,2005.
[3] 曾静康.BRT给中国带来什么[J].城市交通,2005,3(4)：14-18.
[4] 吴永欣,李淑庆.BRT换乘站点规模与站形选择问题研究[J].城市公共交通,2008(10)：19-22.
[5] 袁晶矜,杨天宝,袁振洲.BRT速度影响因素分析及提高措施[J].城市公共交通,2007(1)：28-33.
[6] 贾倩,贾侃,张英杰.BRT在中国城市交通中的地位与发展战略探讨[J].交通标准化,2005(8)：138-141.
[7] 李莹.城市公共交通BRT与MRT模式的比较[J].铁道运输与经济,2007,29(3)：52-54.
[8] 陈剑伟,冉茂平.城市轨道交通与BRT线网规划协调研究[J].城市公共交通,2008(1)：31-34.
[9] 张卫华.城市快速公交(BRT)专用道客运能力探讨[J].武汉理工大学学报（交通科学与工程版）,2008,32(1)：118-121.
[10] 张慧敏,顾启英.大容量快速公交系统(BRT)路面结构组合方案研究[J].道路交通,2008(7)：6-9.
[11] 王凤武.对中国发展快速公交的认识[J].城市交通,2006,4(6)：26-28.
[12] 杨远祥.基于车辆行驶时间和配置车辆数的BRT站间距优化模型研究[J].城市公共交通,2008(1)：35-38.
[13] 方辉,梅振宇.城市桥梁管理养护规划探索与实践[M].杭州：浙江大学出版社,2010.
[14] 王云江.桥梁工程养护维修与管理[M].北京：化学工业出版社,2014.
[15] 张树仁.桥梁病害诊断与加固设计[M].北京：人民交通出版社,2013.
[16] 福建省公路管理局,东南大学.公路桥梁养护维修与加固改造技术[M].北京：人民交通出版社,2013.

图书在版编目（CIP）数据

BRT病害诊断、安全评定与维护技术/贾丁等著.—南京：东南大学出版社，2021.8
 ISBN 978-7-5641-9627-1

Ⅰ．①B… Ⅱ．①贾… Ⅲ．①公共汽车-快速定线客运-交通运输管理-研究　Ⅳ．①U492.4

中国版本图书馆CIP数据核字（2021）第163764号

BRT病害诊断、安全评定与维护技术

著　　者	贾　丁　刘　鹏　康明旭　吴毅彬　李雪健
出版发行	东南大学出版社
社　　址	南京市四牌楼2号　（邮编：210096）
出 版 人	江建中
责任编辑	马　伟
经　　销	全国各地新华书店
印　　刷	广东虎彩云印刷有限公司
开　　本	700 mm × 1000 mm　1/16
印　　张	10.25
字　　数	192千
版　　次	2021年8月第1版
印　　次	2021年8月第1次印刷
书　　号	ISBN 978-7-5641-9627-1
定　　价	98.00元

本社图书若有印装质量问题，请直接与营销部联系，电话：025-83791830。